内蒙古歷代方志集成

第一輯 ⑦

河套圖考
河套圖志
綏遠河套治要

內蒙古自治區人民政府地方志研究室 編

山西出版傳媒集團 三晉出版社

圖書在版編目（CIP）數據

河套圖考；河套圖志；綏遠河套治要 / 內蒙古自治區人民政府地方志研究室編. — 太原：三晋出版社，2022.10

（內蒙古歷代方志集成）

ISBN 978-7-5457-2598-8

Ⅰ.①河… Ⅱ.①內… Ⅲ.①河套—歷史地理—內蒙古—清代—圖集②河套—歷史地理—內蒙古—民國—圖集 Ⅳ.①K928.65-64

中國國家版本館CIP數據核字（2023）第141054號

河套圖考 河套圖志 綏遠河套治要

編　　者：內蒙古自治區人民政府地方志研究室
責任編輯：張仲偉
責任印製：李佳音
裝幀設計：劉　磊

出 版 者：山西出版傳媒集團·三晋出版社
地　　址：太原市建設南路21號
電　　話：0351-4956036（總編室）
　　　　　0351-4922203（印製部）
網　　址：http://www.sjcbs.cn

經 銷 者：新華書店
承 印 者：山西基因包裝印刷科技股份有限公司

開　　本：787mm × 1092mm　1/16
印　　張：22　插頁：10
字　　數：300千字
版　　次：2022年10月 第1版
印　　次：2023年8月 第1次印刷
書　　號：ISBN 978-7-5457-2598-8
定　　價：200.00圓

ISBN 978-7-5457-2598-8

如有印裝質量問題，請與本社發行部聯繫　電話：0351-4922268

〔清〕楊江 撰

河套圖考

清咸豐刻本

河套圖考

咸豐七年丁巳三月鐫

河套圖攷

版存關中書院監院官署

序

河以套名主形勝也河流自西而東至靈州西界之橫城折而北謂之出套北折而東東復折而南至府谷之黃甫川入內地紆迴二千餘里環抱河以南之地故名曰河套按河套塞外地也在唐虞爲荒服夏商爲渠搜至周城朔方玁狁倘據套內自秦收河南地築長城界分中外

長城在陝西者皆環河套之北歷漢晉隋唐以迄宋元套內皆爲中國有且防邊要地也迨有明棄東勝正統間僅守河套至天順六年毛里孩遂渡河入套突厥後議收議復事變不常而疆索如故故套中歷代郡縣尚有能指其墟者

我

朝一統志河套爲鄂爾多斯七旗地延綏鎮舊志

有河套圖考一卷散軼無存榆林在套之南境李芸渠太守新修府志於河套未之考及榆邑孝廉　楊君芍坡邦之賢者也慨故迹之將湮慮空言之無補於是證古考今纂成河套圖考一帙備後來之採輯用意亦良深矣詎尋推積學而遽召修文乃弟徵坡悲事兄之未能感師資之有自出河套圖考編示同人僉曰是編也

考據詳確文獻足徵不可不付之剞劂以廣其流傳梓有日矣鄭序於予予不文焉能弁語惟芍坡與余締交二十餘載晰夕叙談頗稱契合其嘉言美行不可殫述即是編以覘其學術洵無愧於儒林焉夙知別有先後天圖說左傳易讀詩鈔試帖各書茲闕以次鋟版是芍坡歿而著述不與之俱歿者豈僅河套一考也哉

咸豐丁巳仲春山陰何丙勲書於延安府署之

范圃

前明鄭公汝璧著有河套圖考一卷今其書無一存者然猶幸延綏鎮志中兼及之瞭然於目而終以未見圖考爲憾道光壬寅歲新修榆林府志於河套往蹟竟以不隸版圖概置不列掩卷再思歷代興廢之區概置不列何以防邊何事有志哉且恐新志出鎮志廢後之人欲稽河套而無從爰於諸志各史中粗集大致必見聞無異今古相符者餘數年僅獲有此咸豐首歲客寓岐山因鎮日無事繪圖畧改聊述鄭公之志以俟好古者之採擇焉芍坡楊

江自記

咸豐七年丁巳二月朔弟墀春較錄付剞劂於關中書院

監院官署

河套圖考。考河套耳。必圖全省者。欲總覽大勢也。自積石導河。而北山之北有河套。自嶓冢導漾。而南山之南有漢江。中間展開平洋而爲三輔。三輔之中。又環八水而抱長安。此天造。非人爲也。雖河套居北。難得易失。然自漢以後。不曰開而曰收曰復者。謂本屬故土也。況由河套而東至燕京。南至長安。計里均不過一千五六百。且扼三邊正中。固不得執閉關謝使之說。貽誤全局也。歷代明徵。列圖可考。

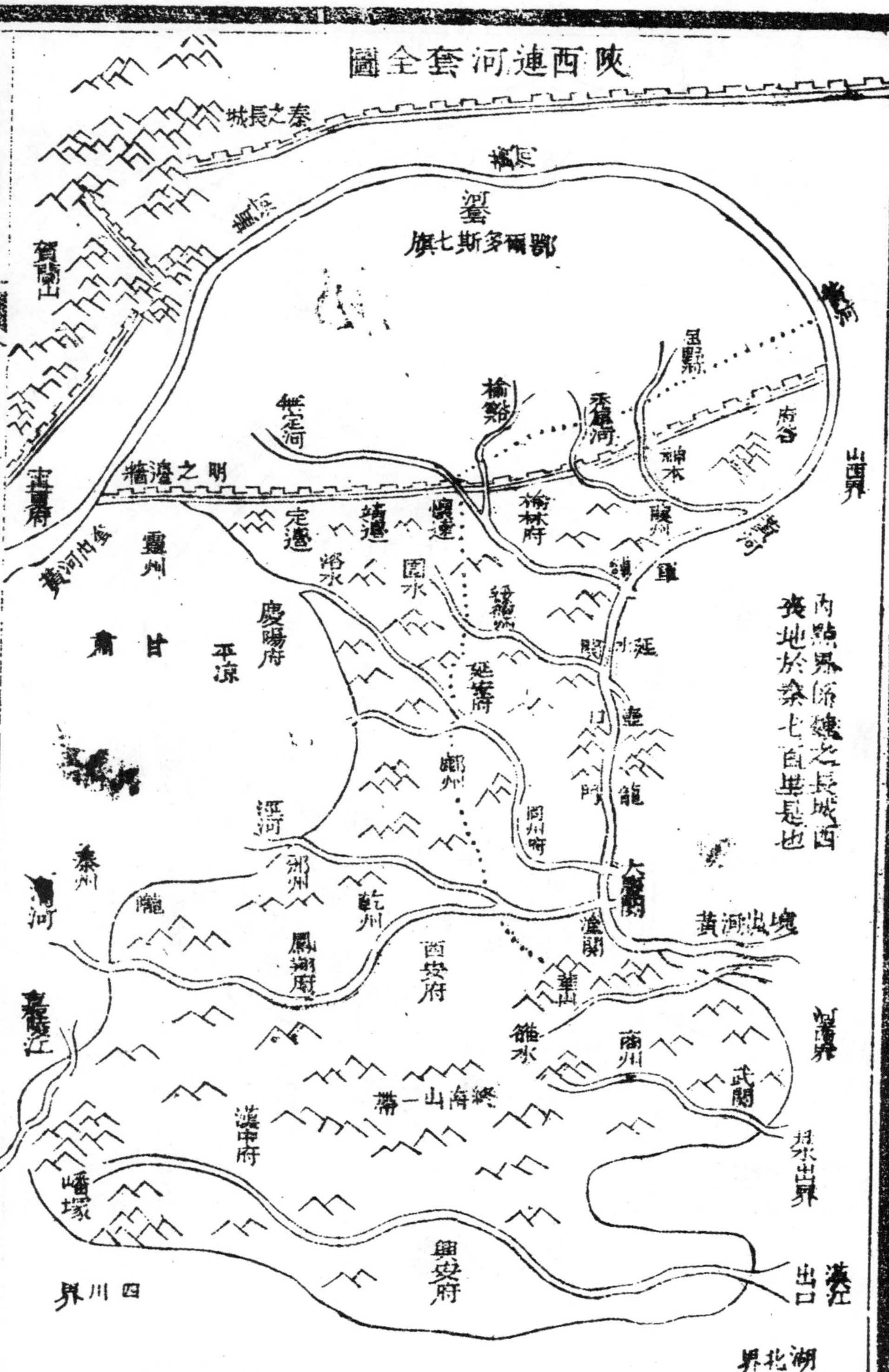
陝西連河套全圖
秦之長城
明之邊牆
河套
鄂爾多斯七旗
賀蘭山
寧夏府
靈州
甘肅
平涼
慶陽府
定邊
靖邊
安邊
榆林府
延安府
鄜州
同州府
涇河
邠州
乾州
鳳翔府
西安府
華山
潼關
商州
武關
雒水
漢中府
終南山一帶
興安府
四川界
湖北界
山西界

河套圖考

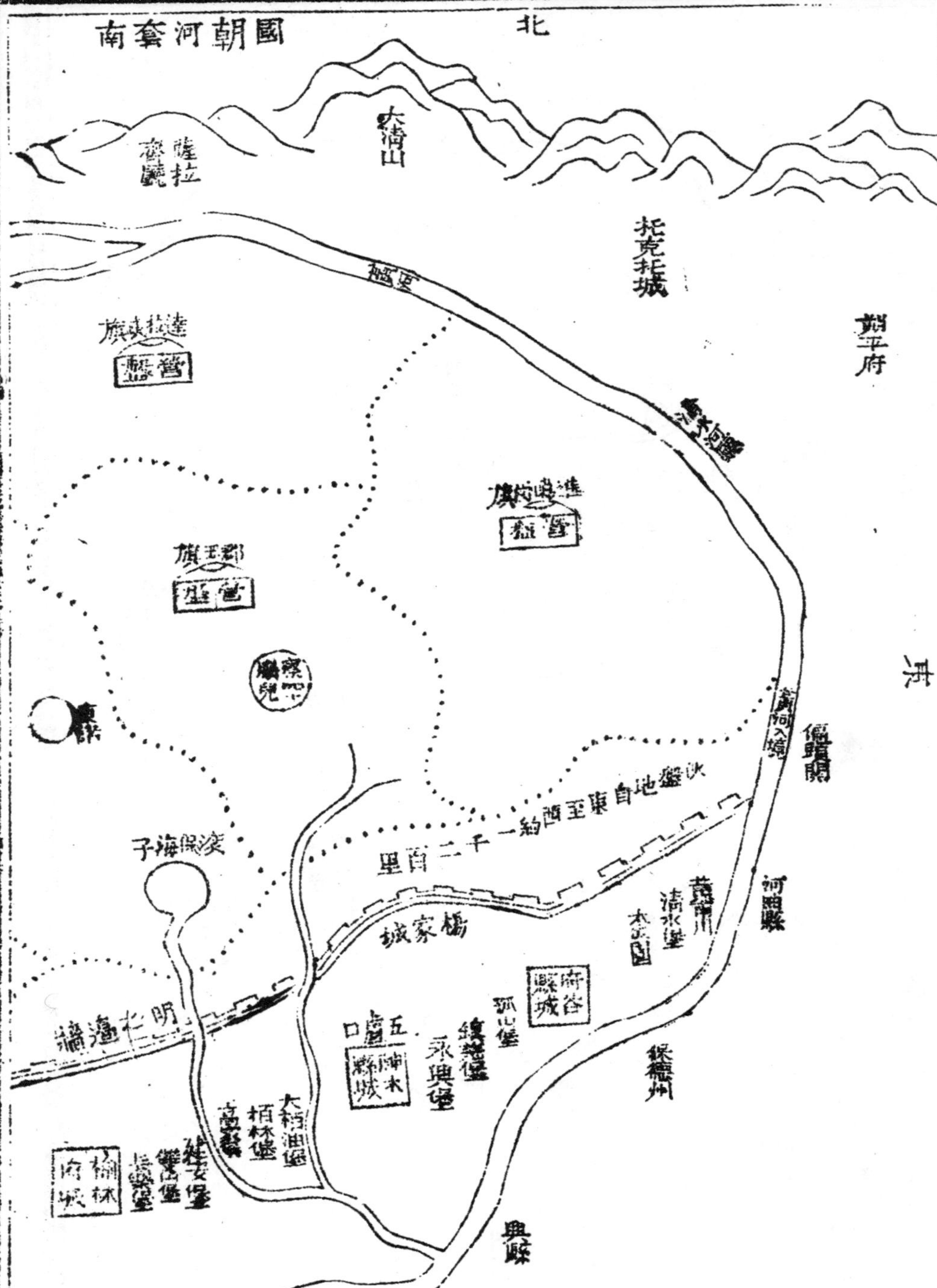
北
大青山
托克托城
偏頭關
河曲縣
保德州
興縣
邊地自東至西約一千二百里
楊家城
府谷縣城
神木縣城
榆林府城
清水堡
孤山堡
永興堡
柏林堡
大柏油堡
建安堡

三

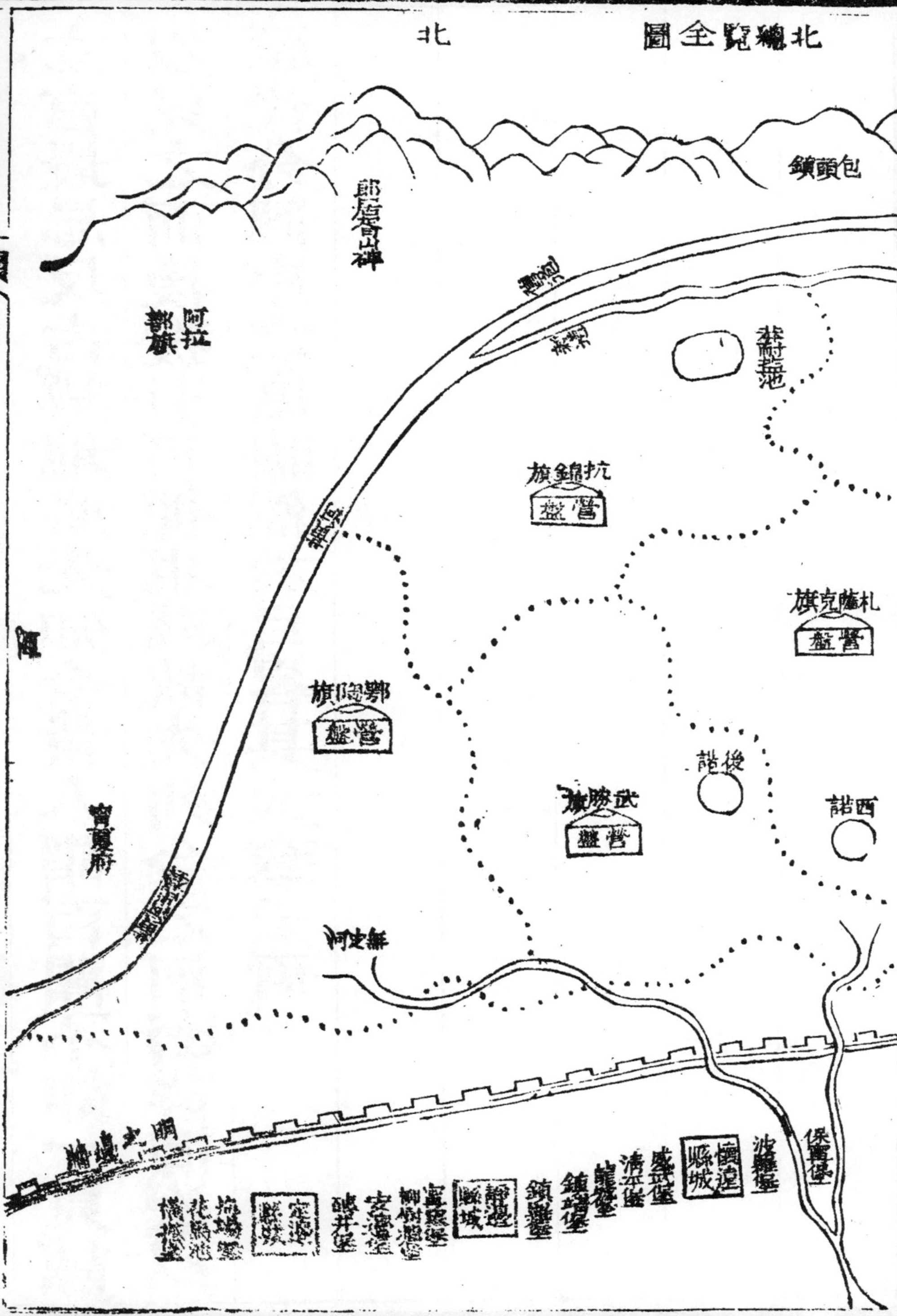
北
包頭鎮
杭錦旗
營盤
札薩克旗
營盤
營盤
後諾
西諾
營盤
寧夏府

立言最忌反古。辨地必先知今。昔人謂百聞不如一見。誠以見之而後援引可據也。玆故先列今之河套詳圖。次以歷代分圖序之。庶瞭然於目。畧其大致云爾。

秦時河套圖

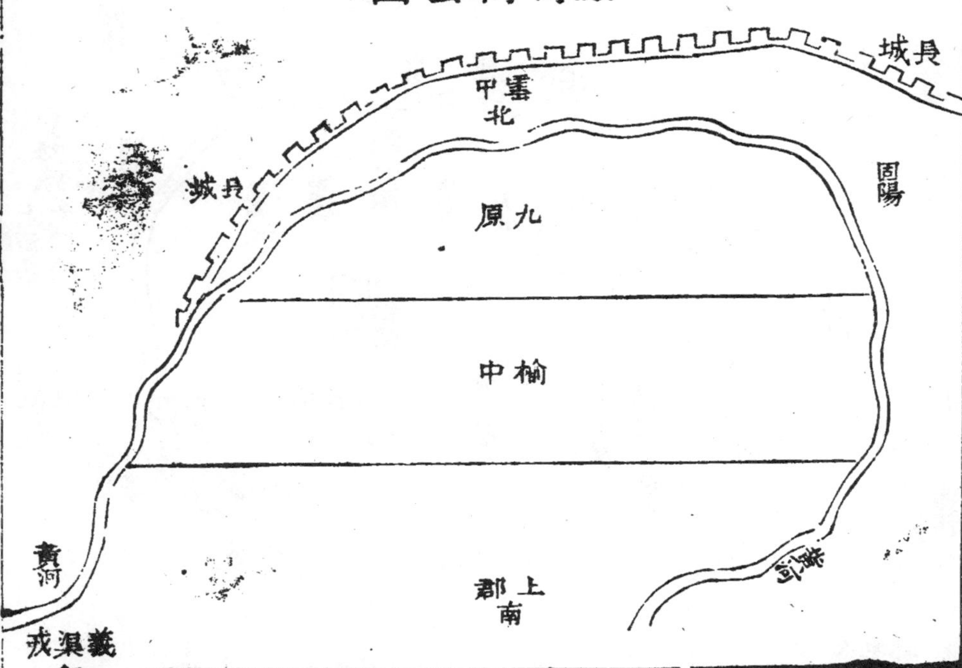

義渠戎 卽北地郡今之慶陽府

戰國時趙畧榆中九原雲中秦之長城在陜西者皆環套外今府谷神木榆林懷遠靖邊定邊之邊牆乃前明余子俊所築界分中外非秦之長城也按秦收河套將九原榆中統謂之新秦雲中橫亘套北有西雲中東雲中之分今以山西大同爲古雲中不知大同乃秦時東雲之極未可以概全雲也又查秦昭襄王之上郡北河北河卽無定河是時九原榆中皆屬於趙故也各紀載中祇有河南河北河東河西之分有言北河者皆無定河也

漢時河套圖

漢武帝收復河套、將秦之九原榆中、直分為二、東為五原、西為朔方、光武帝二十六年、單于復居套內、至順帝三年、徙朔方治五原、此所謂五原者、乃近邊五原之南界耳、其餘已盡沒於戎矣、魏武帝時、雖近如上郡、亦且棄之荒外、

晉魏周河套圖

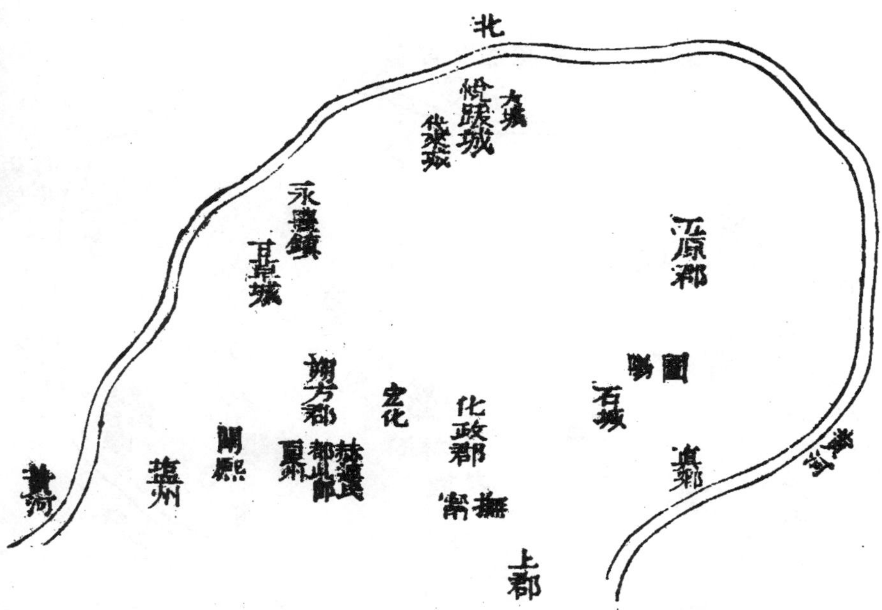

晉自渡江後，遂爲劉淵、石勒、苻堅、姚萇所據。及姚泓爲劉裕所滅，時入赫連夏。自鄜延及套中，都朔方，稱大夏。北魏破赫連氏，盡有其地，以及周。

隋唐河套圖

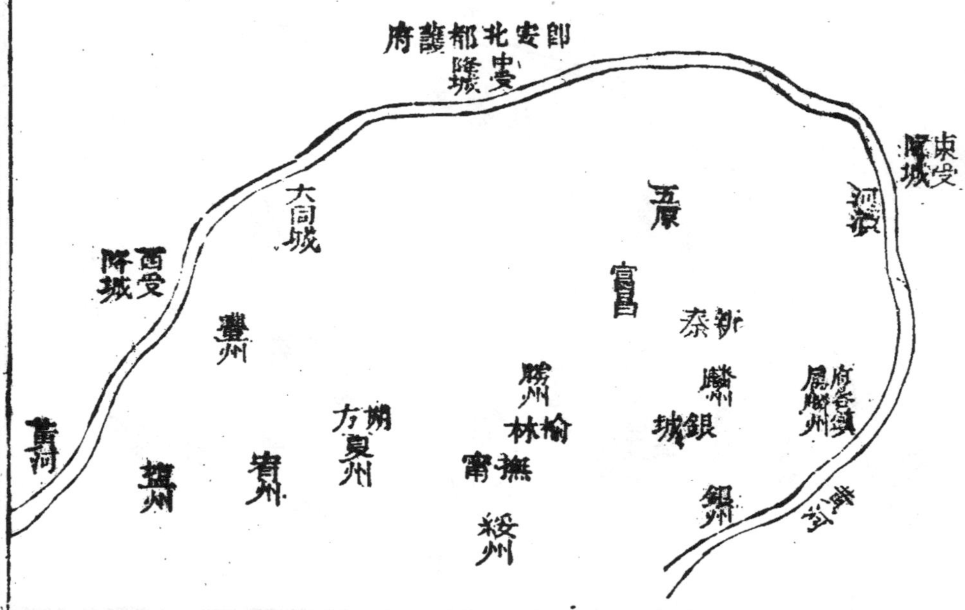

隋煬帝復收河套、末年梁師都據夏州、郭子和據榆林、唐中宗時復收河套張仁愿築三受降城於套外、末年拓拔思恭鎮夏州、世有銀勝豐宥等州、其餘地爲後梁及漢周所有、按唐末吐蕃党項迭盛勝州之名始不見於史策、

宋時河套圖

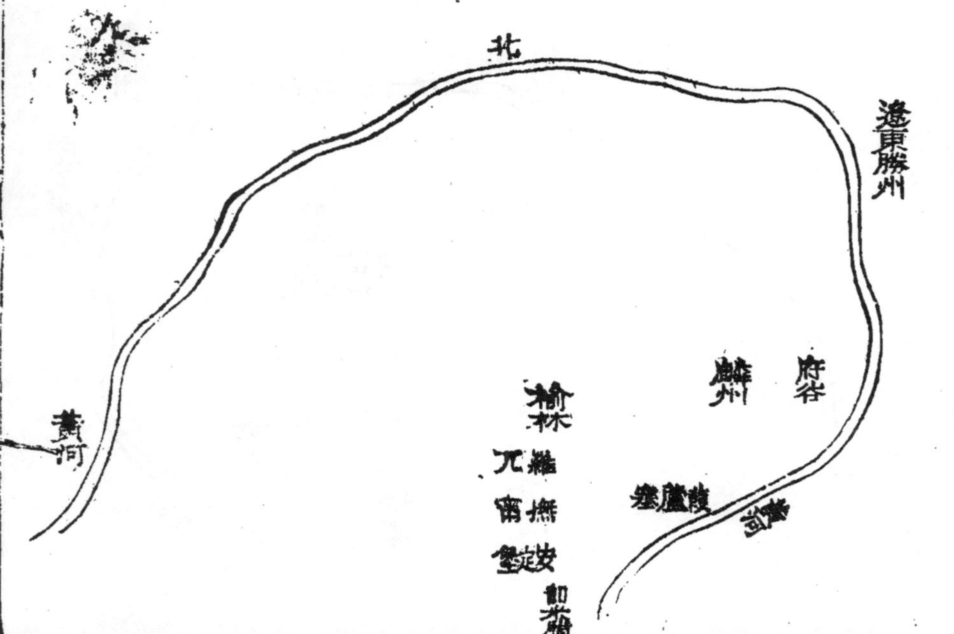

宋興國五年、天下一統、惟銀勝鹽宥等州爲西夏所據、榆林亦失、按遼太祖破振武軍、唐勝州之民皆趨河東、州遂廢、晉割代北來獻、復置勝州、仍舊名而別之曰東勝州、非昔之勝州也、今府谷志誤以榆林在府谷套外、本此、陝西通志及榆林府志皆遵之、是誤以勝州之名而未思當年已別之爲東也

金元河套圖

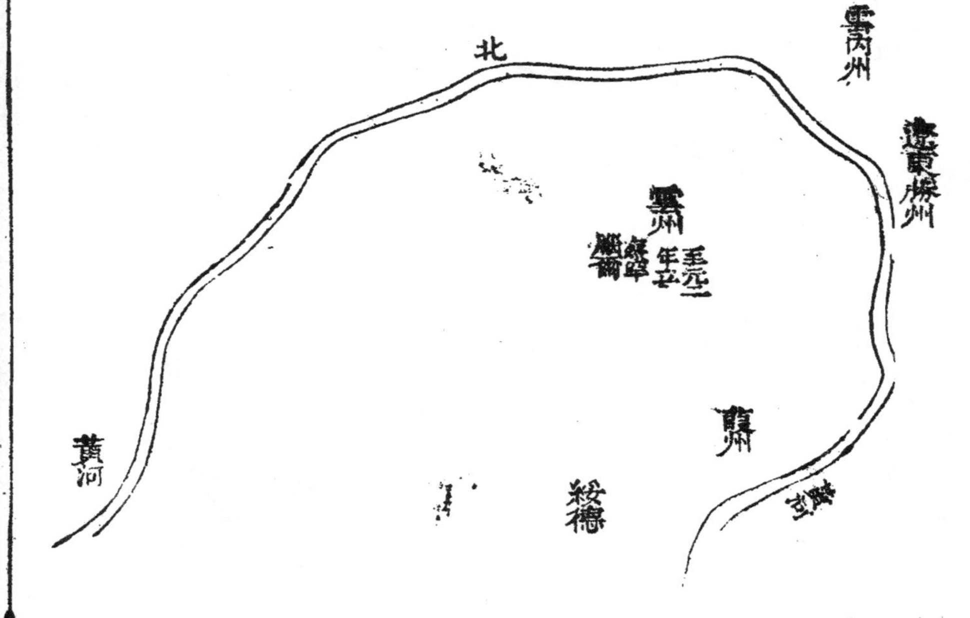

金包東勝接西夏逾河歷葭州米脂西抵大散關與西夏相爲表裏元滅金及西夏收河套末年套南爲王保保所據明初追逐之

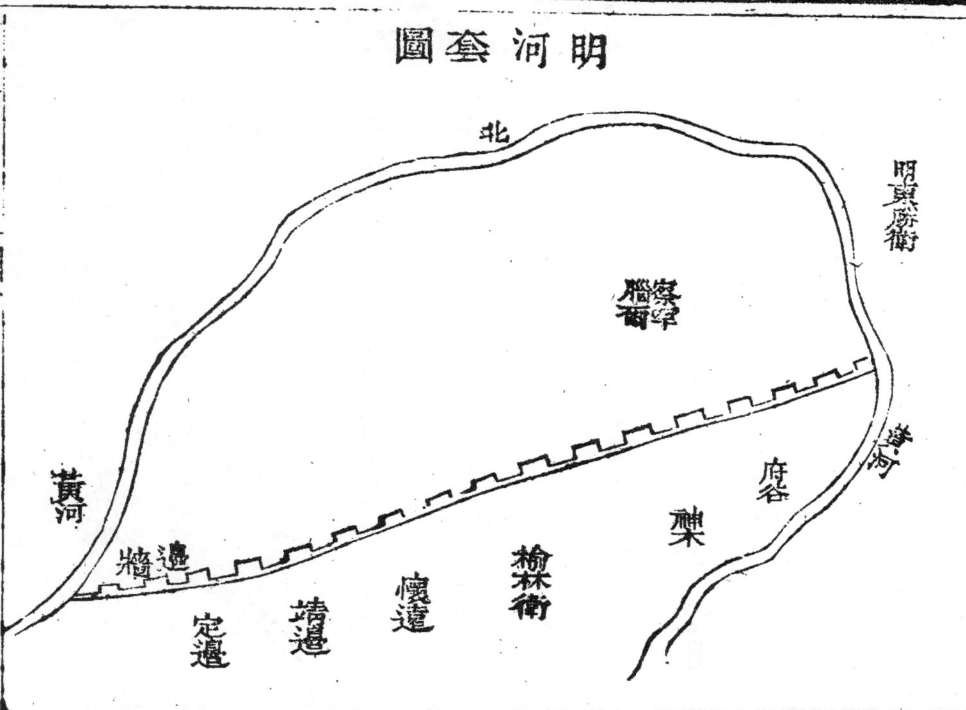

明初復收河套、設東勝衛、嗣移東勝左衛於永平府、移東勝右衛於遵化縣、棄東勝而河套無援兵、至英宗天順六年正月、毛里孩入套、邊患日興、終明之世、遂不隸於版圖、成化九年六月余子俊築邊牆以分中外、

大清河套圖

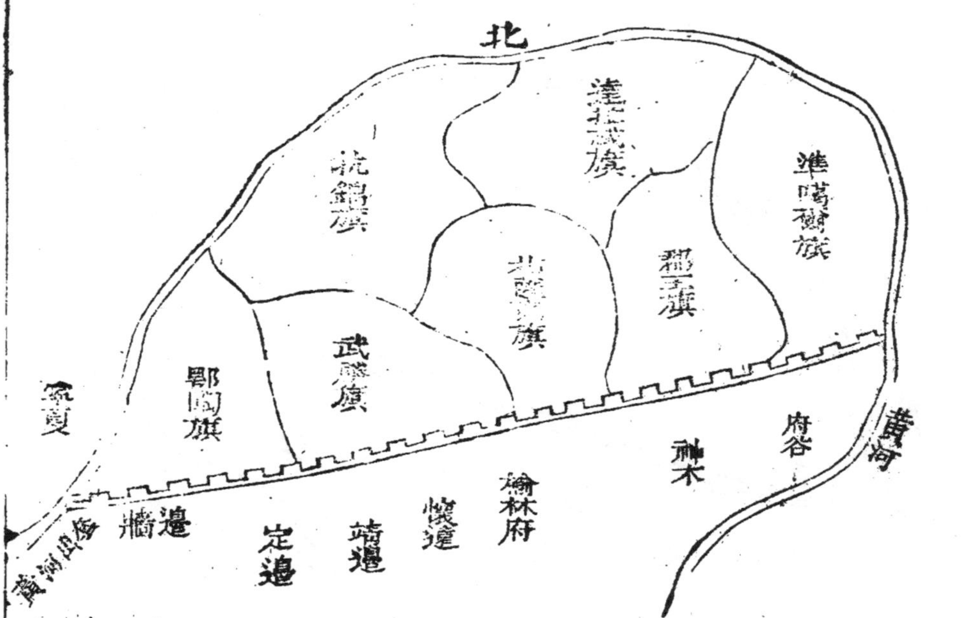

明季小王子之從父名濟農、史作吉囊、有子十人、分居套內、分爲四十二支、以布色圖之子濟農(與其祖同名)爲套中主、至我　朝天聰九年、遣貝勒多爾袞岳託等、追察哈爾林丹汗子額爾克孔果爾額哲至套外、諭濟農將額哲送出、並察哈爾人戶數千、舉部遂歸我　朝、隸理藩院、共分七旗、所稱鄂爾多斯者也

載在開國方略

河套紀事畧考 詳載延綏鎮志

紀事所以紀實也既云紀實當紀河套之地可也茲間入套外之事及事與河套無關者何益地本相接事本相連因此可以識彼據彼可以例此且為訛傳者分辨故並列之

三代以來獯鬻玁狁分居河套一帶西接昆夷○查黃帝之元孫曰饕餮居於北方是為北狄之祖金元謂為黃帝後裔本此元發跡在河套之北

禹貢渠搜○蔡註水經曰河自朔方東轉經渠搜縣故城北蓋近朔方之地也漢書地理志朔方郡有渠搜縣通鑑外紀成湯北伐渠搜編末另有渠搜考備參

周詩城彼朔方○朱註近獫狁之國按朔方虞周不同周都鎬京北直今懷遠靖邊定邊塞下漢隋唐之朔方仍周之舊不過稍進而北耳後有說以今甯夏爲古朔方者篇末另有詳考

周襄王三十七年晉文公納王攘戎翟居於西河圁洛之

間。○圁出安定、經清澗入黃河、洛由保安鏡甘泉鄜州朝邑、而入黃河、居戎翟於圁水之南、洛水之北、東爲白翟、西爲赤狄、與玁狁異、是時玁狁皆居河套內、

顯王八年。魏惠王築長城。塞固陽。自鄭濱洛。以北有上郡。史記六國表○固陽在河東近北、鄭今之華州、謂由華州而北而西、皆以洛水爲界、凡洛之東北、屬今鄜延綏之地、皆爲魏有、自翟亦在收服內、

四十一年。張儀相秦。魏納上郡十五縣。築長城。○十五縣、

卽上自鄭濱洛以北有上郡之地、孟子所謂西喪地於秦七百里是也、築長城者、卽築塞固陽之長城、爲禦狄禦秦計也、

魏襄王十七年。命大夫奴遷於九原。竹書紀年○爲秦所逼、退遷於九原、卽今套北近黃河一帶者、後爲趙所割、

赧王九年。趙武靈王西略翟地。至榆中。○西略云者、由今之朔平府逾黃河、略府谷神木榆林塞外之地、尚未北入九原、

十五年。趙攻中山地。至雲中九原。○中山今河東代州雲中套外一帶皆是九原套內橫北近河之地查史記趙世家趙主父西北畧地欲從雲中九原直南襲秦當在此時、

十六年。趙武靈王傳國於子何。自號主父詐爲使者。從雲中九原入秦。○由前魏納上郡十五縣一帶而入。是時西路尚未闢、

二十八年。秦昭襄王之上郡北河。○北河今之無定河是

時榆中九原尙屬於趙不得誤認爲黃河也、

四十六年。秦宣太后。誘殺義渠王。滅其國。始置隴西北地上郡。○隴西、今鞏昌府北地、今慶陽府義渠戎居於此、上郡今鄜延綏之地、此地早已歸秦茲又西拓耳

始皇二十六年。分天下爲三十六郡。在雍州之邊。爲上郡榆中九原雲中。○按紀載形勢今之榆林府延安府綏德州皆屬上郡、明之邊墻北爲榆中榆中北爲九原套外北一帶爲雲中

三十三年。蒙恬逐匈奴。收河南地。因河爲塞。築四十四縣。城臨河。徙謫戍以充之。謂之新秦。○河卽黃河。是時套內及套外近河之地。皆爲秦有。故長城環於套外。新秦套內之總名也。

三十六年。遷北河榆中三萬家。○北河卽無定河。遷其民以實套中之地。

漢高祖三年。冒頓單于置左右賢王。右賢王居直上郡以西。接氐羌。○秦末匈奴復據套內。上郡以西卽今懷遠

靖邊定邊之塞西逾河接甯夏界、

文帝六年。匈奴寇上郡雲中。烽火達於甘泉長安。數月部將軍周亞夫屯兵細柳備之。匈奴亦出塞、○文帝紀六年冬匈奴以三萬騎入上郡、以三萬騎入雲中此雲中係由西雲入今之定邊而南、蓋文帝武帝時匈奴皆由西邊而入觀文帝十四年匈奴以十四萬衆入朝那蕭關朝那、今之平凉蕭關今之固原也武帝時勒兵至朔方又自雲陽北歷上郡雲陽今之淳化縣觀其所經節可知雲中是由定邊而來。蓋分兩道進發，一由今之榆林寇上郡，一由定邊而欲直搗慶陽、平凉也。甘泉即醴泉。

武帝元朔二年，遣將軍衛青、李息出高闕，收河南地，置朔方五原郡，募民徙朔方十萬口。○高闕，匈奴傳註：朔方臨戎縣北，有連山，其山中斷。水經註：長城之際，連山刺天，兩峯雙闕。漢衛青敗右賢王於高闕，即今榆林直北黃河外之陰山、陽山也。武帝復收河套，又漢書地理志

秦九原郡於武帝元朔二年更名五原蓋分九原爲二
套內東勝五原西勝朔方總形勢論之歷歷可想有謂
高闕在山西朔州者是指朔州極西而言地本相連也
今此山屹立身歷者自知之
元鼎元年十月帝出蕭關獵新秦以勒邊兵○蕭關即今
之固原
太初元年遣因杅將軍公孫敖築受降城○按此受降城
在鴈門關西北河套外之東北李陵傳詔抵受降城休

士即此、唐之東受降城、遂之東勝州、明之東勝衛、皆在此、歷代爲緊要之區、東可以禦山。西之邊。西可以防河。套之失。

三年、遣光祿勳徐自爲築五原塞列城。至盧朐。○列城不止一城、後有以光祿名寨者、今懷遠有盧溝、似即盧朐之訛、

光武二十六年冬、徙南單于居於河西美稷。南單于置諸部王。助爲扞戍。使韓氏骨都侯屯北地。右賢王屯朔方。

當于骨都侯屯五原。呼衍骨都侯屯雲中。○按此河南套中、皆爲南單于所據、漢亦失鎮夷美稷、在今府谷神木邊外北地、今慶陽府、朔方、今榆林之西懷遠靖邊定邊塞外、五原、河套東北、雲中、套外北一帶皆是

順帝永和五年九月。徙西河治離石。上郡治夏陽。朔方治五原。○離石、今山西之臨縣、漢屬西河郡、夏陽、今之韓城、是時匈奴不止據有河套、且兼併上郡、漢爲所逼不得不爲遷徙之計

晉惠帝元康四年。北羌赫散。攻上黨。殺長吏。入據上郡。○上郡、即上條移治夏陽之地、是時、敵人深入山西之潞安西逾黃河。而陝西之韓城鄜州延綏全失。不止河套矣。

永興元年八月。劉淵遷都於左國城。建國曰漢。改元元熙○漢自永和後至曹魏、凡上郡一帶、棄之荒外、晉自渡江後、陝西爲劉聰劉曜石勒苻堅姚萇迭據、及姚泓爲劉裕所滅、自鄜延而北、其地尋入赫連勃勃、赫連龍昇七年於朔方水之北、黑水之南、改築大城、名曰統萬、即夏州治也、水經曰夏州、晉爲朔方郡、晉亂後赫連勃勃都於此、通典謂夏州在今懷遠邊外、舊址尚在、篇末有夏州城考可參

北魏太宗泰常八年。築長城。起自赤城。至五原。延袤二千餘里。置戍衛。○赤城、今甘肅之崇信縣、

世祖始光四年。詔執金吾桓貸。作橋於君子津。○君子津在今府谷塞外東北黃河渡、山西各志謂在大同西北、

是又以山西之西界言之非兩地也查三年十月車駕西伐幸雲中臨君子津會天暴寒數月冰結遂渡赫連昌平爲統萬鎮

太和十二年於統萬鎮改置大夏領郡四置化政郡○登宇文貴從孝武西遷進爵化政郡王即此

皇興二年蠕蠕犯塞及於五原其君九年北討至受降城不見蠕蠕因積糧留守而還

西魏大統二年東魏襲陷夏州留其將張瓊許和守之三

年、張瓊許和以夏州降。北周於夏州置總管府。

周保定二年。移銀城於廢石龜鎮。○按明一統志、銀城在今神木縣西南四十里、即石龜鎮舊銀城尚在神木邊外、

隋文帝開皇二年十二月。突厥踰長。入上郡宏化。○宏化今榆林西界、

三年五月。城榆關。○今榆林東北長樂門下、有舊址、瓦礫尚存、

三年。改周置永豐鎮爲豐州五原郡。○禹貢錐指豐州城在榆林衛西北塞外七百里、本漢朔方郡之廣牧縣、今定邊塞外是也、考舊唐書並唐人乞守豐州疏、分晰甚明、五原本屬套東、此時尚未收復、暫改永豐鎮爲豐州五原郡、按豐州隋唐皆同、於宋之豐州、改設神木者異、

七年置榆林縣。○元和志、榆林本漢沙南地、魏晉及周皆無縣邑、即漢之榆林塞、故名、今榆林口外、黃沙依舊擁積、府谷志誤指榆林在府谷塞外、查府谷塞外並無沙

漢

二十年。置勝州。大業初爲榆林郡。治榆林縣。○勝州之名始此。隋長孫晟奏處染干部落於五原以河爲固。於夏勝兩州間東西至河南北四百里。掘爲橫塹。令處其内。據此疏看來。橫塹之南。卽爲夏勝二州之界。按夏州。今懷遠塞。卽朔方郡。勝州。今榆林塞。續府谷志謂隋唐勝州榆林在府谷北。套通志府志咸因之。蓋誤於遼之東勝州而未考奏處染干疏之尙留史策也猶之豐州為西夏所據、宋改立豐州於今之神木界、而神木志遂混隋唐豐州為宋之豐州、是未考唐人乞守豐州疏也。

煬帝大業三年。發丁百餘萬。築長城、東至紫河。一旬而畢。○長城考註、紫河、今大同城西北二十里、黑河發源處也。

四年。發丁二十餘萬、自榆谷東築長城。○長城考註、榆谷在臨洮蘭縣、即秦始皇築城之處、據此二條、煬帝時復

收河套矣、

恭帝義寧元年五月。郭子和據榆林。八月。延安上郡雕陰降於唐。十月。榆林諸郡降於唐。○榆林地連綏德。故不得不降、

二年三月。五原通守張長遜以五原等郡降唐。即爲五原太守。○是時惟夏州朔方郡爲梁師都所據

唐太宗貞觀元年。分天下爲十道。綏銀豐勝等州。屬關內道。○綏、即今之綏德、銀、即今府谷神木南界勝即榆林

塞、豐卽定邊塞、

二年。夏討梁師都。朔方人殺之以降。以其地爲夏州。○改朔方爲夏州、卽今懷遠塞、西連靖邊界、元和志夏州東至銀州一百八十里、東南至延州四百里、又續通典綏州北至夏州二百六十里以道里稽之、在懷遠爲的、明一統志誤以甯夏衛爲夏州、談地輿者遂訛以傳訛、抑知甯夏二字、隋唐時尚無此名也、

四年。李靖破突厥頡利於鐵山。四月、以右武衛大將軍史

大奈爲豐州都督。○鉄山、史作陰山、是時突厥被擒、其部落北附薛延陀、降唐者、處之幽靈諸州、靈、即靈武郡

十八年。突厥俟利苾可汗、北渡河。薛延陀惡之。仍率其衆南渡河。請處於勝夏之間。上許之

十九年。薛延陀多彌可汗入寇。發夏銀綏等十州兵。鎮勝州。

中宗景龍二年。朔方總管張仁愿築三受降城。○元和志、先是朔方郡以河爲界、仁愿取漠南地於河北、築三受

降城以拂雲祠爲中受降城東西相去各四百里查通鑑註宋祈曰中城南直朔方禹貢錐指中城在廢夏州北八百里西受降城元和志在豐州西北八十里開元初爲河水所壞十年總管張說於故城東別置新城通鑑註西城在豐州河外八十里按東城即漢之東受降城故址此唐之復收河套也查中城現在榆林西界直北河套外史鑑謂東城在榆林直北非也

明皇開元九年十二月置朔方節度使領單于都護府夏

鹽等州。○鹽州今定邊界、近花馬池之地、曰等州、綏銀勝皆屬也

十二年。徙安北都護府治天德軍。○按天德軍、本燕然都護府、龍朔二年、改瀚海都護府、總章二年、更名開元二年、治中受降城、十年、徙治豐勝二州之境、復徙天德軍、俱載唐地理志元和志、天德舊城在西城正東一百八十里、其處有兩城、本是永清柵、即隨之大同城舊理、去本城約三里。

十六年。置宥州。後廢。○見唐書地理志元和志廢宥州在鹽州東北三百里在夏州西北三百里今之靖邊塞是也、

天寶元年。勝州復爲榆林郡。○舊唐書地理志今、又乾元元年復爲勝州治榆林縣

十五年。十二月。郭子儀率回紇擊同羅於榆林河北。破之。○是時同羅入套此云榆林河北、卽今榆林獐河之北俗謂頭道河也、

代宗大歷九年十二月。回紇寇夏州。梁榮宗破之於烏水。
　○烏水即今懷遠之黑河。
十一年。吐蕃寇鹽夏州。郭子儀遣兵拒之。
十三年。吐蕃寇銀麟二州。郭子儀遣李懷光破之。○麟州
　即今之神木府谷塞。
十四年五月。以振武軍使渾瑊爲單于大都護東中二受
　降城。振武鎮北。綏銀麟勝等軍節度使。十一月以代州
　刺史張光晟。知單于振武等城。綏銀麟勝州留後。

德宗貞元二年。吐蕃寇銀州。又寇麟州。
三年。駱元光復夏州。
十二年九月。以河東行軍司馬李景畧。為豐州都防禦使。
十四年秋。吐蕃陷銀州。
武宗會昌三年。以麟州刺史石雄。為豐州都防禦使。○是
時麟州既陷。遷其官於豐州
宣宗大中元年。河東節度使王宰。將代北諸軍。以沙陀朱
邪赤心。自麟州濟河。破吐蕃於鹽州。○是時克復銀麟

二州、即由今榆林懷遠靖邊塞、破吐蕃於鹽州、而吐蕃之患漸息、

後梁開平四年。夏州亂、殺節度使李彝昌。○唐末、拓拔思恭鎮夏州、世有夏銀綏宥之地、五代世亂、梁晉漢周、僅以麟州爲界、按隋至末季、梁師都據夏州、郭子和據榆林、唐初、突厥仍揚兵塞上、自中宗景龍二年、張仁愿深入套北、築三受降城、而突厥之勢頓減、至天寶間、回紇吐蕃旋張、至梁而西夏之祖李彝昌彝殷漸强、至後晉

而契丹又盛於東後周則李彝殷叛歸北漢至宋太宗
興國五年天下始一而李繼捧繼遷疊強勝夏鹽宥諸
州爲西夏所據終宋之世遂不隸於版圖
遼太祖神冊元年破振武軍唐勝州之民皆趨河東州廢
晉割代北來獻復置東勝州。○別之曰東非隋唐之勝
州舊地也。
宋仁宗慶曆元年七月元昊寇麟州。○是時榆林横逹靖
邊定邊一帶皆入於西夏

神宗熙甯三年八月。夏人入寇屯榆林。○即今之榆林。隋唐之勝州也、

四年正月。种諤襲夏兵於羅兀北。大敗之。遂城羅兀。三月、夏人陷撫甯諸城。○羅兀、在榆林所屬魚河堡之南五十里、即嗣武山、撫甯在榆林之南、今鎮川堡是也、

元豐四年九月。种諤及夏人戰於無定河川。敗之。○無定河川、即今米脂北界之無定河、

徽宗宣和五年。金取遼之東勝州。○即府谷套外東北之

東勝州

欽宗靖康元年。夏人渡河。取雲內州天德軍。○按雲內即

河北古雲中也天德軍在唐之中受降城屬遼之雲內

州、

金興定五年。蒙古木華黎。由東勝州涉河。入葭州。○元始

取金之東勝、由府谷而入葭州、

附查、興定元年。蒙古圍西夏之興州。夏主遵頊奔涼州。

按興州即今甯夏府治。元昊建都處。當日命名興州。並

無甯夏之號。非朔方夏州也。

正大四年六月。蒙古鐵木真滅夏。○河套之地前已盡爲

元有

元世祖至元六年。廢雲州爲神木縣。府州爲府谷縣。○地

志以神木爲雲川查金史地理志雲川屬雲內州按雲

內州卽秦之雲中唐之天德軍遼初改爲雲內州雲川

本葛董鎭後升爲裕民縣皇統九年廢大統二十九年

復升爲雲川又山西朔平府左雲縣爲古雲川本當日

雲內州地査旖唐雲州在勝州東界、元承其名、於至元二年、設雲州於神木塞、八年、改雲州爲神木縣、則神木謂爲雲州可、謂卽雲川尙宜存考、

十七年。作行宮於察罕腦爾。○在神木塞外郡王旗、至今七旗撥役嚴守、中有大櫃、不知所藏何物、問之亦不得其實、

末年。套南爲王保保所據。明初追逐之。仍以黃河爲界。

明太祖洪武三年二月。大同將金朝興取東勝。八月、偏將

軍李文忠進兵東勝。四年、大將軍湯和定東勝。二十七年城東勝。○按由大同取東勝。既無黃河之隔。進兵亦易、

惠帝建文四年九月。移東勝左衛於永平府。移東勝右衛於遵化縣。○永平、遵化、皆今直隸地。洪武間設立東勝衛者、原防狄人入套、則東勝屯兵可直搗其巢。所以衛河套也。兼為鴈門東北聲援、當日取東勝、定東勝城東勝、立衛於此、煞費經營、乃後人視為荒服輕之截撤

無遺、至正統間失東勝而僅守河套、不旋踵而成化十年、築邊牆遂棄河守牆矣、蓋當承平日久鑒安南之棄、而不知東勝與河套首尾相關、以致河套不復無險可守、日事干戈、百有餘年、當事者謀之不臧、亦曾思祖宗創垂之深意乎、

英宗天順六年正月。毛里孩入河套。○皆由棄東勝之故、不僅狄入套內而土木之變、敵亦無右顧之憂矣、

憲宗成化元年九月。阿羅出、乩加思蘭孛羅忽、毛里孩、大

入榆林塞。都御史項忠、甯遠伯任壽、巡撫都御史盧祥。以兵禦卻之。

三年七月。阿羅出入榆林塞。○今河西平羅縣、卽因平阿羅而設、

四年。亂加思蘭寇榆林。

六年七月。平虜將軍朱永敗阿羅出於雙山堡。甲辰總兵房能敗阿羅出於開荒川。閏九月。置榆林衛。○雙山堡、開荒川、皆榆林東界、榆林衛、屬陝西都指揮、明初仍隋

唐勝州榆林之名號榆林莊先屬綏德衛屯所自東勝

失守正統間始築榆林城

八年二月余子俊爲副都御史巡撫延綏○先駐劄綏德

嗣移駐榆林是時巡撫爲專理邊務而設不轄全省沿

至康熙六年始裁

九年延綏徙鎮榆林七月余子俊敗癿加思蘭於榆林澗

十年閏六月築邊牆○東至清水營紫城砦西至甯夏花

馬池營界牌止東西長一千七百七十三里一百二十

三步、護壕牆崖砦八百一十九座、守護壕烽墩七十八座、邊墩一十五座、移鎮後、分中東西三路、轄三十六營堡、至今稱雄鎮焉、

十五年。滿都魯侵榆林塞。○查滿都魯、係元裔、今河東平魯縣、即因平滿都魯而設、

武宗正德元年。楊一清總制邊務。請守東勝。復河套。不報、

世宗嘉靖二十五年。總督曾銑。議復河套。

二十六年。總督曾銑。上復套方畧十八事。下兵部議。○時

阻於議乃不得行、

二十七年三月。總督曾銑棄市。

按河套之患、與明相終始、至崇禎初年、勢稍減、良由二百餘年、彼此財盡力竭、國祚告匱、實始於此、不旋踵而流寇內起、遂成不可挽之勢、雖時勢使然、亦人謀之未善也、計前明邊患無虛歲、紀年甚繁、錄其大畧、以備覽河套者易閱云耳、

河套畧說

河套從靈州西界出邊環繞如弓背東至府谷復入內地無定河從定邊之龍州發源向東南流歷今之靖邊懷遠榆林米脂綏德吳堡即納此數縣之水入於黃河計流七百餘里之遙中間自成一段塞上塞下形勢為秦漢以迄前明要地計無定河之北至今之邊牆皆屬秦之上郡自邊牆直北四百里橫接黃河東西岸為秦之榆郡中榆中直北三四百里不等至河為止橫接黃河東西岸為秦之

九原郡。逾河。橫北一帶。皆秦之雲中。漢時自黃河而南。至今之府谷神木榆林懷遠靖邊定邊六縣。其套內分而爲二。東爲五原。西爲朔方。晉於漢之五原朔方中界分爲新興。即今之榆林塞隋唐因之爲榆林勝州。凡河套南界。沿設各州。歷歷不亂。東爲麟州。今府谷神木塞迤西爲勝州。今榆林塞迤西爲夏州。今懷遠塞又西爲豐州。復將豐州之南。分而爲二。東南爲宥州。即靖邊安邊塞西南爲鹽州。今定邊花馬池塞此自東至西。橫列各州之形勢也。又麟州之南爲銀州。今神木府谷以南及葭州米脂各界勝州之

南爲綏州。今綏德所屬隋唐時所云綏銀麟勝豐夏等州是也
至於雲州眞州。葭州西北旋置旋廢。不列於此。陝西通志暨續
府谷志之訛。以勝州榆林在府谷北套。榆林府志又因之。
將千年不變之地。故作翻案文字。於歷代紀事全不相符。
故附以備覽

套南各縣沿革表

府谷漢屬西河郡後屬東魏周屬銀城隋同唐置府谷鎮屬麟州五代唐莊宗時升爲縣旋建府州漢升爲永安軍宋同後改靖康軍金廢元屬葭州明同

神木漢屬西河郡魏晉爲圁陽縣北魏爲石城改名銀城隋同唐天寶元年割勝州連谷銀城兩縣置麟州是年改名新秦郡乾元元年復爲麟州（在神木城北六十里）五代時屬北漢宋置神木寨爲麟州新秦郡治金時廢入西夏元置雲州

改縣屬夏州。明同。

榆林漢爲朔方東界，晉分置新興，後爲赫連夏所據。北魏置化政郡，西魏改宏化郡，周置寧朔縣，屬化政郡，隋改勝州。榆林縣唐爲勝州，五代唐末，拓拔思恭鎭夏州，世有其地。宋時夏人屯榆林，卽此。金爲西夏地，元屬米脂，明置榆林衛。

懷遠漢爲朔方，晉末爲赫連所據，稱大夏國。北魏廢爲統萬鎭，太和十一年改爲夏州，隋改朔方郡，唐貞觀二年改爲夏州天寶初復爲朔方乾元初復名夏州五代唐末拓拔思恭鎭夏州宋金時俱爲西夏地元屬米脂明同靖邊定邊漢爲朔方晉末入赫連夏隋屬豐州唐開元九年分置鹽州即定邊塞十年分置宥州即靖邊塞五代時屬西夏葭州不在沿邊漢屬西河郡圜陰縣地晉末屬赫連夏西魏置眞鄉縣周置眞鄉郡開光縣又爲開光郡隋唐屬銀州五代同唐末廢入拓拔思恭宋爲晉甯軍置葭蘆寨通秦堡彌川砦屬河東路金升晉甯州改屬延安

於通秦彌川置縣元同省縣明初爲葭縣繼改州屬延安府附此備攷蓋以葭州屬隋唐之銀州也又查銀州之名見於周武帝保定元年又唐高祖武德二年置綏州總管府管雲銀眞等州則雲州眞州之名亦見於唐初

長城考

長城不自秦始不至秦止秦之前孝公滅義渠戎先於隴西屬鞏昌府北地今慶陽府上郡築長城趙武靈王破樓煩今甯武府胡林苛嵐之北於代及陰山築長城陰山在河套正北燕破東胡自造陽至襄平今遼陽州築長城是也史記秦始皇三十三年蒙恬逐匈奴收河南地置四十四縣築長城起臨洮至遼東延袤萬餘里臨洮今岷州遼東今山海關迤東自今牧豎皆知之北魏築長城自赤城今甘肅崇信縣二千餘里至五原東魏築長城在肆州今山

西忻州北齊築長城三。一在黃櫨嶺。疑即山西汾州之黃蘆嶺一在幽州。西至恒山九百餘里。一至西河三千餘里。東至海。隋築長城三。一自朔方至綏德。綿亘七百餘里。一西距榆谷。即臨洮之蘭縣秦築城之起處接北魏已築之城。東至紫河。太同府西百二十里黑河發源處一自榆谷而東。或僅障一方。或仍遵古蹟。皆秦以後所築也。今陝西之北。現存墩臺長垣。東自淸水營紫城寨。西至甯夏花馬池。連墩勾堡。延袤一千七百餘里。乃前明成化間余子俊所築。名曰邊牆。復塹溼谷。謂之夾道。非秦之長。

城也秦之長城在陝西者皆環黃河之北不可不知夫長城之築不止一代而綿延萬里界分中外惟始皇所築爲最著後世未聞有逾此而北能爭尺寸者雖一時虐政而昭垂千古始皇固自不凡矣

夏州城考 王寅復李太守夾單

蒙詢夏州城故址。在懷邑之西八十餘里。黑水之南。朔方水之北。（朔方水即無定河）等論。茲於月之九日。攜帶羅盤紙筆。隨步定向。從縣城外之圁水西渡。出邊牆。又西渡磨菇河。又西渡黑水河。又西渡無定河。登坡二里許。至舊日相傳之白土城。細加相度。在縣城正西九十里。所謂黑水河者。在無定河之東。離縣城僅五十里。於所謂城在黑水之南者。似未全符。惟去白土城北五十里。有漳泥河。東入無定河之下流。是否淖泥河卽黑水河。無從稽考。計渡無定河。卽登彼岸。西行二里許。進頭道城。又西半里。進二道城。又一二箭許。進三道城。頭二層城內僅有瓦礫。其第三層城內。南面。西有鐘樓。東有鼓樓。鼓樓僅存。堅築白土墩高五六丈。無級可登。其鐘樓尚堪上去。高約十餘丈。白土築成雞籠頂式。大廈一間。半間已坍。半間掛鐘。屋頂形迹宛然。屋外飛簷八層。插椽孔穴。層層可數。穴內尚有松椽三四根。問椽之長出者。悉爲韃子猓升拔用。南面列有七土墩。亦堅硬如石。似係臺樓已圮。而其基尚存者。然北頭有白土坪坡。似係殿基。北城東西兩角。俱有土墩。想卽所謂拐角樓者是。三道城內。自東至西。不及一里。自南至北。約一里有餘。土人云。每逢朔望清晨。空中現有城垣樓閣。城南無定河。自西南來。斜繞城南。轉抱東城。向東北流去。徧詢老民。僉稱此城之外。懷邑草地。並無另有城基。至於誌載。求道當日未經身歷。沿襲訛舛。亦未可知。謹繪圖貼說以聞。

余寄跡懷遠者七年。屢問夏州舊都。土人皆不解。徧訪知者間得一二人僅稱西草地有白土城三層內築鐘樓尚未盡圮不知其爲夏州也旣闔復太守稟稿似如所云而終以未見爲歉癸卯秋末專馬走視始獲目覩周覽之餘迴憶壯年出塞間遇古城心知爲漢唐故址而斷壘荒垣無從考證未有若此之大致可觀者閒赫連氏蒸土築城或其遺蹟相度形勢於紀載夏州適相符合宜爲西夏發跡之所竟可無疑嗣徧訪七旗之地俱言止此一城可覩餘皆坍廢云。楊江附記

詩城彼朔方考

朱註、朔方、近玁狁之國。按朔方、虞周不同。堯都平陽。北直山西之朔平府。此虞書之朔方也。周都鎬京。北直今懷遠靖邊定邊之地。卽漢唐河套內朔方之南界此周之朔方也。三縣迤北之套內周時爲玁狁所據漢隋唐驅逐玁狁之遺種出套。而於所棄之套內。仍周之名。置爲朔方郡。地本相連。不過於三百餘里間。更進而北耳。後世有以今甯夏府爲周之朔方者。似乎一誤於甯夏之夏字。本爲西夏之國號而疑卽漢唐之朔方夏州也。再誤於甯朔縣之朔字。而疑卽周之朔方也。不知甯夏甯朔之名。起於元明之世。前此西夏李氏先發跡於赫連夏之夏州。傳五世至元昊。乃遷都於今之甯夏府治。然當日。命名曰興州。並無甯夏甯朔之稱。況在周之時。而以甯夏爲朔方乎。周宣王時。河套內盡屬玁狁。今之甯夏在周時。爲西戎與昆夷同種。（與玁狁異）詩小雅出車章云。天子命我。城彼朔方。（註卽今之靈夏等州靈卽唐之靈州夏卽朔方夏州在河套內之南）又曰。赫赫南仲。薄伐西戎（註既却玁狁而還師以伐昆夷）明係却玁狁之後。故作聲勢。以震西戎之昆夷。緣地本毗連。並非迂道。薄伐二字。煞有分寸。又詩六月章云。玁狁孔急。侵鎬及方。至於涇陽。（今平涼界）繼之曰薄伐玁狁。至於太原。（今固原州非山西之太原也）曰薄伐者。亦未便窮追云耳。又詩采薇章曰玁狁之故。我戍未定。據三詩所咏。當年玁狁猖獗異常。歷歷在目。若非城彼朔方。直視此處爲往來大路耳。甯夏之非朔方。至今按地考核。亦可指陳。詩云、至於太原。太原、即今之固原。可以無疑矣。今固原州（在平涼府西北一百七十里）直北九十里即環縣。（在慶陽府西北一百里環縣直北一百二十里即定邊縣（定邊緊靠邊牆）環縣定邊之西俱緊接靈州（在寧夏東南九十里）靈州雖屬今之寧夏而中間實有黃河之隔寧夏在河外西北靈州在河內東南黃河出套正在靈州西界故靈州亦居套中之西南角當日玁狁自套內出今之花馬池（在定邊西界）直搗太原平凉可達長安（計出花馬池至長安共十七站）通行車路地皆平坦此周時玁狁為患之要區也漢文帝六年匈奴寇上郡烽火達於甘泉（今之醴泉）十四年復以十四萬衆入朝那（今之平凉）皆仍此路西魏置豐州

總管府。定邊塞外唐之乞守豐州疏。並置朔方節度使。前明陝西總督。每逢秋末。移駐固原花馬池。歷代。吃緊之區。皆因地。形。平。坦。狄。人。便。於。進。退。故。也。若路東一帶。率皆山崖。自古。不。聞。一。入。記此待質。謂甯夏在朔方之西。可。謂甯夏即周之朔方。似於各史紀載。及疆理分途。全不符合。

詩。侵鎬及方。註鎬方皆地名又曰。來歸自鎬。是當日先侵鎬。而後及方。今環縣爲古之方。崇。或其地歟。以來歸自鎬句。想其往城之處。似在環縣之東北。定邊之東南山崖間。

然湮沒有年。付之想像耳。

禹貢渠搜考

註渠搜水經曰河自朔方東轉經渠搜縣故城北蓋近朔方之地漢書地理志朔方郡有渠搜縣通鑑外紀成湯北伐渠搜漢書武帝紀成康之世北伐渠搜據上數條所伐之渠搜俱在漢之朔方界昔商周時雍州西界止於羌氐即今之慶陽平凉階州若謂渠搜在今之西域大宛北界似商湯成康不應如是之勤師遠畧也凉土異物志及宋傅寅禹貢集解未免傳訛矣或泥於禹貢崐崘析支渠搜六字相連

而未詳西戎卽敘句係總統之辭也況禹貢一句中包括甚廣如黑水西河四字已相隔四千里矣又何疑於渠搜哉且此條本屬雍州文內禹貢列於導山之前蔡註已從蘇氏之說不得舍雍州逾弱水極西二千餘里而空指爲大宛之界恐神禹當日亦未必到此也附以備質

水名考

查無定河即朔方水。其稱名已無可假借矣。而或以無定河即奢延河者。徒多贅語耳。清澗志謂彼處之圁水。與奢延異源合流。又延安府河、亦名奢延河。懷遠附郭之河。亦名圁河、通志謂神木縣所屬高家堡之禿尾河。亦以圁名。且據此河名。遂謂神木為漢之圁陽縣。葭州為漢之圁陰縣。此假彼借。迄無定準。蓋由無定、與奢延、講義相似。圁與延、轉韻相同。各志抄襲互訛。紛紛難辨。茲按各地名、各地形辨之延安府由來已久其河當因其地名而名之曰套延清澗之河名為圁水可也不必與套延混且於紀事中晉文公攘戎翟居於圁洛之間適符禿尾河舊雖名圁然後漢郡國志圁陽作圜陽明係圜字之訛則當仍以圜字別之以上各條水皆異源遥流入河惟懷遠附郭之河來源不長且係入無定河者其未入之先繞懷遠西城外迴環如太極圖形土人謂之太極河疑圜字為圝字之訛或省文耳應改作圝取其團圝之義（圝字典音鸞說文團圝圓也）如是則

或依地名。或依地形。分載各志。庶歸畫一。不至無所適從也。此因無定河。禿尾河。懷遠河。皆由塞外而來。與清澗延安之河。並不同源合流。而稱名互冒。故附以備考。

邊牆說

旣考河套而又爲邊牆說者以邊牆亦河套之保障也所異者秦築長城胡不於河套內由西南而東北一線横亘成功旣易省費且多乃必欲於中間突出千里之外不肯置河於外番歷代亦咸以守河爲據險延及前明一變而爲邊牆矣其東西盡頭逾河仍接秦之長城不過將昔年突出之處截爲横亘一線雖云目蹙地虞然亦猶之變封建而爲郡縣焉邊牆之制正自不易觀其屈曲盤旋故作

一突一凹設強敵近逼凹中則三面環攻矣至烽墩列於牆外大墩駐兵尤多彼此互援非老於戰場者何能及此廉牧善守此則庶乎近焉今雖承平日久廢為荒垣當知後之守牆亦猶昔之守河若薄古人而不為正恐趙括之陷秦卒也識者或不以予言為河漢

張鵬一 編

河套圖志

六卷

民國鉛印本

河套圖志

河套圖志敘

河套沃野千里、畜收蕃孳、明代始守旋棄、後屢議復、迄于無成、然謝永清陝西邊政、楊輝朔方邊紀、鄭汝璧河套圖考、陳賓夫河套志、於套地皆殷殷致意、今其書多不傳、道光初修榆林府志、河套故實概置不錄、光緒乙未丙申間、先師古愚先生、主講味經書院、嘗建河套屯田之議、從游生徒、受命編輯圖志、終未成書、其後貽穀墾晋北蒙地、兼及套中、陝大吏無議及者、蓋百年來無復留意矣、民國五年寓靑門、有以河套故事詢者、乃考其沿革形勢土宜、爲圖志六卷、寫稿既竟、客有過而問曰、昔在周秦奠都岐雍、漢唐繼之、據渭倚豐、獫狁匈奴、偪近邑京、故詩言薄伐、史紀邊功、新秦朔方、豐勝降城、勞臣猛將、置郡縣以經營、當時固苦是其重哉、平夏割據、博碩潛入、氈裘湩酪、華夏易習、攘之者爲已有、棄之者不愛惜、甌脫與石田歟、地利不足恃歟、不然何再無南蒙衛霍諸人之事業耶、余曰唯唯、否否、盛衰者一時之常、形勢者千秋之利、時有得失、勢無變易、昔者漢唐得時而據地勢、故內患雖棼、而外夷帖然、宋明失時而昧地利、故敵氛四偪而禹域忽焉、河套者周秦以來中外盛衰之樞、互爲強弱之地也、豈惟周秦、今中國關繫、正未易言也、以往事徵之、玁狁之伐、匈奴之却、柔然之防、突厥之擒、回紇之降、皆視其地以爲向背、趙宋棄銀夏於西北、元昊守興靈於一隅、故元起斡難、吞王罕、滅乃蠻、下高昌、汪古一部、守險輸敵、而天德永淸諸城、咫尺峙立、無扼項拊背之舉、明祖三征漠北、飲馬臚朐、偉烈盛功、逾越前代、而東勝設衛、膜視套中、中葉以後、東西寇起、九邊騷然、備多力分、社稷遂墟、河套之非等石田、既明徵如此、今時勢何如乎、歐亞壤接、海防之外、尤爭陸地、北聯蒙疆、南瞰回部、居中控馭、此實要樞、而國防大計、鐵道建築、河套又爲總匯之區、誠以東近京張、可制日之南滿鐵道、北接烏烏里雅蘇台科、科布多東連恰圖、則遠防西伯利亞、西連新疆、南通藏衛、德之巴達克鐵道、以至波斯、英之印度波斯鐵道、以通高加索者、河套實具形格勢禁之奇、夫內外蒙古、日之所大欲也、新疆藏衛中亞細亞、俄英德之角逐場也、居東西之衝、而爲之齊屏、蔽陝甘、援應京師、雄據大河、提攜綏遠綏、甯夏甯、鹽馬富饒、穀殖充斥、環顧西北、無逾之者、設重鎮以厚其力、改縣治以復其舊、未雨綢繆、時乎時乎、客既退、乃最其語爲之敍云、民國六年、九月、張鵬一識、

河套圖志目錄

河套圖志卷一

疆域沿革第一

富平張鵬一扶萬編

伊克昭盟鄂爾多斯旗、

河套南北廣八九百里首尾或五六百里三四百里秦爲河南新秦地、

史記匈奴傳秦使蒙恬收河南地因河爲塞築四十四縣水經注秦逐匈奴、收河南地徙民以實之謂之新秦服虔曰新 秦地名在北方千里如淳曰長安以北朔方以南也、

漢武帝元朔二年開置朔方郡又兼爲西河郡上郡南境後漢末廢朔方郡晉永嘉後遞爲前後趙前後秦地義熙中赫連勃勃據此置統萬城後魏爲統萬鎭地後爲夏州北境隋於其地東置勝州西置豐州唐貞觀中復置其南境又置宥州俱屬關內道唐末拓跋思恭鎭此後爲西夏五代至宋金皆爲西夏所有元初滅西夏立西夏中興等路後廢其地東屬東勝雲內二州西屬延安寧

夏等路、明初、築東勝等城、並立屯戍、天順間、蒙古酋巴賚明史作孛來與茂里海、明史作毛里孩等始擁小王子入據河套、小王子被弑、西北諸部、鄂爾綽克等明史作斡羅出與茂里海互相仇殺、其餘衆別立小王子之支子、爲岱顏汗、明史作遠延不復居套、仍服屬於小王子、其後別部沙嘉阿爾斯蘭、明史作百加斯蘭與博勒呼、明史作孛羅忽亦入居之、成化四年、沙嘉阿爾斯蘭殺鄂爾綽克併其衆、而結元裔滿魯都居河套稱汗、九年、爲明兵所敗、滿魯都渡河北去、會沙嘉阿爾斯蘭殺博勒呼尋亦爲滿魯都所殺、套地稍寧、成化末、北部復入河套、未幾、火篩據之、嘉靖中、岱顏汗之子賚音那蘭游牧記作巴爾蘇博羅特有子九人、長曰濟農、明史謂之吉囊次曰諳達、最強盛、濟農自套西擊破火篩、居此、自稱車臣可汗、子七人、分有河套地、是爲鄂爾多斯、後仍屬於察哈爾、其濟農琳沁、於天聰九年即明崇禎八年來歸、仍賜濟農之號、令招集諸部落、順治六年、編爲六旗、雍正九年、又增一旗、共爲七旗、其境東至歸化城土默特界、至歸化城二百八十五里西至喀爾喀界、南至長城界、即陝北邊牆北至烏喇特界、東

西北三面皆距黃河、自山西偏頭關、至甘肅寧夏邊外、袤延二千里有奇、至京師一千一百里、

詳清會典一統志蒙古游牧記

鄂爾多斯七旗、曰札薩克台吉、（右翼前旗）與神木接壤、曰鄂套、（右翼中旗）曰五勝、（即武勝烏審右翼前末旗）曰郡王、（左翼中旗）與神本府谷接壤、曰準噶爾、（左翼前旗）與府谷偏關河曲接壤、曰杭錦、（右翼後旗）曰打拉忒、（左翼後旗）兩旗遠居後套、與五原縣薩拉齊接界、

詳定邊縣志

右翼前旗、

旗駐套內巴哈池、在鄂什喜峯西九十里、東西距一百八十里、南北距二百七十里、東至左翼中旗界、西至右翼中旗界、南至邊城、北至右翼後旗界、

漢上郡屬縣二十三、在套內右翼前旗者、曰高望、

魏書地形志、趙興郡有高望縣、爲今甘肅甯州、今富平縣有北魏太昌時、樊

奴子造象有北地郡高望縣、與漢高望縣地勢懸絕、皆僑置之縣也、曰奢延、有赫連統萬城、有代來城、有北魏夏州、有隋唐朔方郡、有西夏夏州、水經注、奢延水出奢延縣西南、東北流、逕其縣故城南、王莽之奢節也、清一統志、故城在鄂爾多斯右翼前旗西南、哈柳圖河額圖渾河之間、即故奢延城也、水經注、赫連龍昇七年、於奢延水北、黑水南、築大城、名曰統萬、今夏州治也、晉書載記同、何丙勳故統萬城考、道光二十五年、奉檄查統萬城故址、從縣懷遠縣今改橫山城外、圁水西渡、出邊牆、又西渡磨姑河、又西渡黑水河、又西渡無定河、登城二里許、至舊日相傳之白土城、細加相度、在縣城正西九十里、所謂在黑水之南者、似未全符、惟去白土城北五十里、有淖泥河、東入無定河之下流、疑淖泥河、即古黑水、其地有土城、周圍三里、俱用土築、渡無定河西行二里許、進頭道城、又西半里、進二道城、又數十步、進三道城、頭二道城內、但餘瓦礫、三道城內、南面西有鐘樓、東有鼓樓、僅存基址、築白土墩、高五六丈、無級可乘、南面外土墩七、堅硬如石、似係臺樓之基、北有白土之坡、似係宮殿之基、北城東西兩角、亦有土墩、內城東西不及一里、南北約一里有餘、城南無定河、自西南來、斜繞城南、轉抱東城、而東北流、丙勳徧訊土人、僉稱此城之外、懷遠草地、別無故城基址、查縣西八十里無定河北、黑水之南、亦無堪建都會地勢、疑此即所謂統萬城也、 十六國春秋、劉衛臣爲西單于、屯代來城、一統志在左翼界內、 魏書劉傑傳、敕勒新民、分徙河西、劉傑屯五原河北、原安屯悅跋城北、以備之、通鑑胡注、即代來城、魏書地形志赫連屈孑所都、始光四年爲統萬鎮、太和十一年改置大夏領四郡、化政、闡熙、金明、代名、 舊唐書地理志、隋朔方郡、貞觀二年平梁師都、改爲夏州都督府、天寶元年、改爲朔方郡、乾元元年、復爲夏州、在京師東北一千一百一十里、唐書地理志、縣三、朔方、德靜、甯朔、 沈垚曰、漢朔方縣故城、在河水之南、太平寰宇記、夏州北至黃河八百里、參以新唐書地理志、城當在夏州北七百里、元和志、但曰在夏城州朔方縣理北、不言相距里數、則以漢城去唐縣不遠、且誤以朔方德靜甯朔等縣、皆漢朔方縣地、於是新舊益淆、不知漢城雖在唐夏州界內、而相去甚遠、唐朔方等縣、乃漢上郡地、非朔方縣地、

宋史地理志太平興國五年李繼捧來朝、得州四、夏、銀、綏、宥、縣八、旋授繼捧、後不領職方、　夏國傳河之內外州郡凡二十有二、河南之州九、曰靈、曰洪、曰宥、曰夏、曰石、曰鹽、曰南威、曰會、　李燾長編太宗時、以夏州深在沙漠、本奸雄竊據之地、欲隳其城、遷民於銀綏間、問宰相呂蒙正、對曰、自赫連築城以來、頗與關右為患、若遂廢毀、萬世之利也、李繼隆聞朝議欲隳夏州、遣其弟苑洛使繼和、與監軍秦翰等入奏、以為朔方古鎮、賊所窺覦之地、存之可依以破賊、幷請於銀夏兩州南界山中、增置堡戍、以遏其衝、且為內屬番部之蔽、而斷賊糧運、不報、淳化五年詔隳夏州故城、

而唐又有雲中都督府、党項部落、寄治朔方縣界、呼延州都督府、党項郡落、寄

治朔方縣、桑乾都督府、治朔方縣界、定襄都督府、寄治甯朔縣界、達渾都督府、延陁部落、寄治甯朔縣界、安化州都督府、甯朔州都督府、僕固州都督府、均寄治朔方縣界。

寰宇記、突厥之先、平涼雜胡也、蓋匈奴別種、姓阿史那、隋時突利可汗、（沙鉢略弟）（處羅侯子、名染干）居北方、遣使求婚、開皇妻以宗女安義公主、後爲都藍可汗、（名雍虞閭）所攻、染干夜以五騎與隋使長孫晟歸朝、拜爲意利珍豆啓民可汗、上于朔方築大利城以居之、部落歸之甚衆、雍虞閭又擊之、帝復令入塞、遂遷於河南五原、以河爲固、在夏勝二州之間、發役掘塹、南北四百里、東西距河、盡爲啓民畜牧地、仁壽元年、泥利可汗、及葉護、俱被鐵勒所敗、并奚霫五部內徙、啓民遂有其衆、煬帝大業十一年、始畢可汗（染干子、名咄吉甚）來朝、此後隋亂、中國人歸之者甚衆、又更強盛、勢凌中夏、唐書突厥傳、貞觀三年、突利（始畢嫡子、頡利之姪）來奔、時降突厥、多在朔方之地、其入居京師者、近萬家、詔議安邊之術、朝士多言突厥恃強、擾亂中國、爲弊日久矣、今天實喪之、窮來歸我、本非慕義之心、因其歸命、分其種落、俘之兗徐之地、散屬州縣、各使耕織、百萬胡虜、可化爲百姓、則中國有加戶之利、塞北可常空矣、唯中書令溫彥博議、請準漢建武時置降匈奴于河南五原塞下、全其部落、得爲捍蔽、又不離其土俗、因而撫之、秘書監魏徵奏言、北狄自古至今、未有若斯之破敗者也、若以其降伏、不能誅滅、卽宜遣還河北、居其本土、北狄人面獸心、非我族類、強則盜寇、弱則卑服、不顧恩義、其本情也、彥博又曰、突厥餘魂、以命歸我、我援之護之、收居內地、稟我指揮、教以禮法、數載之後、盡爲農人、選其酋首、遣居宿衛、畏威懷德、何患之有、且光武置南單于于內部、爲漢藩、終乎一代、不有叛逆、太宗竟用其言、於朔方之地、自幽州至靈州、置順祐化長四州都督府、以統其衆、自結社率之反也、太宗始患之、又上書者多云、處突厥於中國、殊爲非便、乃徙於河北、立右武侯大將軍化州都督懷化郡王思摩爲乙彌泥孰侯利苾可汗、賜姓李氏、率所部建牙於河北、思摩者、頡利族人也、始畢處羅以其貌似胡人、不類突厥、疑非阿史那族類、故歷處羅頡利世、常爲夾畢特勒、終不得典兵馬、武德初、數來朝貢、封爲和順郡王、及其國亂、諸部多歸中國、唯思摩隨逐頡利、章與王同擒、太宗嘉其忠、令統頡利舊部落、居于河南之地、勝兵四萬、馬萬匹、錫其土、南至大河、北至白道川以北、接薛延陁種落、初思摩等憚延陁不肯出塞、太宗遣司農卿郭嗣本賜延陁璽書曰、爾在磧北、突厥居磧南、各守土境、鎭撫部落、若其踰越、故相抄掠、吾卽將兵、各問其罪、此約既定、非但有便爾身、貽厥子孫、長守富貴也、命禮部尙書趙郡王孝恭、齎書就思摩部落、築壇于河上、以拜之、并賜之鼓纛、突厥及胡人在諸州安置者、並令渡河北、還其舊部、又以左屯衛將軍阿史那忠、爲左賢王、左武衛將軍阿史那泥孰、爲右賢王、以貳之、薛延陁聞太宗遣思摩渡河北、慮其部落翻附磧北、先伏輕騎、伺至擊之、太宗遣使勅止之、時思摩部衆渡河者、九十萬、勝兵四萬人、思摩不能撫衆、皆不愜服、至十七年、相率叛之、南渡河、請分處于勝夏二州之間、詔許之、思摩遂輕騎入朝、尋授左武衛將軍、從征遼東、爲矢所中、太宗親爲吮血、其親遇如此、未幾卒於京師、贈兵部尙書夏州督都、陪葬昭陵、立墳以象白道山、詔爲立碑於化州、

右翼中旂

旂駐套內正西近南之什剌市拉克圖池、在鄂勒吉虎泊西南一百六十里、東西距三百二十里、南北距四百八十里、東與北並至右翼後旂界、西至喀爾喀並界、南至右翼前旂界、　漢朔方郡屬縣、在旂內者、曰三封縣、爲朔方郡南境、有北魏夏州長澤縣、有唐廢宥州、有西夏宥州、

漢書地志、元狩三年城三封縣、水經注、河水東逕三封縣故城東、沈堯曰、三封故城、元和志有二、一在夏州長澤縣北二十里、一在豐州西一百里、在豐州者是也、漢三封縣在臨戎縣西河外、卽唐豐州永豐縣西河外也、元和志

之誤、由唐於夏州城置朔方縣、遂謂漢朔方縣卽在此、因而夏州之西、有三封城、夏州之北有沃野泊矣、 元和志、廢宥州在鹽州東北三百里、夏州西北三百里、開元二十六年、置寶應以後廢、 又調露元年、於靈州南界置魯麗含塞依契等州、以處突厥降戶、謂之六胡州、開元十一年、康待賓叛、遷其人於河南江湖諸地、二十六年、還其餘黨於此、夏州西南長澤縣地、置宥州、以寬宥爲名也、後爲甯朔郡、領延恩懷德歸仁三縣、天寶中宥州寄理經略軍、寶應以後因循遂廢、由是昆夷党項屢來寇擾、蕃部之人、撫懷莫及、 一統志、新宥州在廢宥州東北三百里、唐書党項傳、天授中內附、戶凡二十萬、以其地爲朝吳浮歸十州、散居靈夏間、永泰大歷已後、居石州、旋以鎭將之擾、牽部落過河、元和初、復置宥州、護党項、太和中寖強、數寇掠、開成末、種落愈繁、富賈人齎繒寶鬻羊馬、乘其利、彊市之、或不得直、部人怨、相率爲亂、至靈鹽道不通、武宗以侍御史史爲使、招定分三印、以鹽夏長澤屬李鄴、以靈武麟勝屬鄜賀皆緋衣銀魚、而功不克、宋使夏國傳元豐五年、沈括請城古烏延城、以包橫山使夏人不得絕沙漠遂遣徐禧李舜舉往議、禧請於銀夏宥之界築永樂城、永樂依山無水泉、种諤極言不可、禧竟城之、賜名銀川砦、永樂接宥州附橫山、夏人必爭之地禧等既城去九日、夏人來攻號三十萬、城中乏水渴死大半、夏兵急攻城遂陷、禧舜舉等死、將校死數百人、士卒夫役二十餘萬、帝臨朝悼痛、夏人亦困弊、金史西夏傳貞祐四年、宣宗與皇太子議伐夏左監軍陀滿胡土門、延安總管古里甲石倫攻鹽宥夏州、又興定四年、元帥慶山奴攻宥州圍神堆府、穴其城、士卒有登者、援兵至擊走之、又雍熙二年、賜宥州界咩几十族首領、都指揮使遇乜布等九人勅書、端拱三年、夏州趙保忠言宥州御泥布羅樹等二族、黨附繼遷、不肯賣馬、臣掩殺二百餘人、擒百餘人、其族即降、天禧四年、鄜延路又言宥州羌族臘兒、率衆刦熟戶咩魏族、金明都監李士彬平之、宋史西夏傳西夏兵總五千餘萬而

苦戰倚山訛山訛者、橫山羌平夏兵不及也、

而漢呼適縣、又在其東焉、

左翼中旂、

旂駐套內正南近東之鄂什喜峯、在札拉谷西一百六十五里、東西距一百十五里、南北距三百二十里、東至左翼前旂界、南至邊城界、北至右翼後旂界、其境爲秦漢上郡北界、有漢白土縣、兼朔方郡南界、唐勝州地也、漢志縣屬上郡、水經注、圁水出白土縣圁谷、東逕其縣南、一統志、地近今神木縣、在左翼中旂南、有白土故城、

元八白室、在其境內、盟之名伊克昭所由起也。

游牧記、蒙古謂大曰伊克、廟曰昭、伊克昭境內有靑吉斯汗園寢、札薩克一員專司經理、蒙古源流記云、元太祖靑吉斯汗卒後、以輦奉柩至所卜久安之地、立白屋八間、在阿勒坦山陰、哈岱山陽之大諤特地方、建立陵寢、洪鈞

元史譯文證補、阿勒坦山卽鄂爾多斯右翼中旂西北之阿爾布坦山、哈岱山卽哈魯特山、史謂葬起輦谷、在今賽因諾顏左翼右旂、與鄂爾多斯左翼中旂兩界之交、無疑、據此、則太祖葬地在今榆林府西北河套內外、元初爲西夏地、然考蒙古源流、謂以輦奉柩至穆納之淖爾處所、車輪挺然不動、吉爾根巴圖爾、歷舉鄂嫩德里袞、布勒搭干、克魯倫等地、而謂汗何戀唐古忒、反將昔日屬衆蒙古等棄置、言畢、柩徐徐引轉、遂至所卜久安之地、德里袞布勒搭干、卽秘史之迭里溫孛勒答黑、太祖誕生地也、尋繹其言、太祖必不葬於西夏、張穆引之、其誤顯然、本紀、六月、帝次淸水縣西江、爲今甘肅秦州境、七月壬午、不豫、己丑、崩於薩里川哈老徒之行宮、今鄂爾多斯右翼前旂西南、有哈柳圖河、東南流、合金河、入榆林邊、蒙古名金河曰錫剌烏蘇、史之薩里、與錫剌對音、哈老徒、哈柳圖音合、鄂爾多斯、當是崩地、非葬地、誤以爲園寢、徐霆黑韃事略、霆見忒沒眞墓在驢胸河之側、山水環繞、正與西域書合案八白室即所謂埃錦赫牢者其地東南距神木縣一百八十里值郡王府南加薩府東新立東勝縣治東南基周三十里四圍沙陀近傍淤泥河蒙古名曰倔幾爾圖溝有陵戶五百家號特爾罕歲三月二十一日爲會期近地王公躬親降灌燕晋秦隴商人駝茶布什物易蒙人牛馬露天列幕亘十餘里歷時七八日始交易而退土人謂之陵寢惟元太祖葬起輦谷據元史所載暨徐達所見在臚朐河側爲是伊克昭盟八白室則洪氏所云哈老徒地後人以爲祭祀之所是也近人屠氏成吉斯汗陵寢辨證甚詳不備錄

左翼前旂

旂駐套內東北之札拉谷在和坦和碩西一百四十五里東西距二百四十五里南北距二百十里東至歸化城土默特界西至左翼中旂界南至邊城界北至左翼後旂界

漢并州西河郡屬縣在黃河西岸者凡四縣縣在旂地曰富昌隋勝州富昌

縣因之、

漢志縣屬幷州、水經注湳水又東逕富昌縣故城南、一統志在左翼前旂界

隋地志勝州富昌縣、開皇十年置、

曰大成、有赫連大成塞、

後漢郡國志屬朔方郡、匈奴傳、永平六年、鄧鴻追擊逢侯於大成塞、通鑑注、

大成漢縣、魏晉省、讀史兵略注、大成塞在烏蘭木倫河西、　魏書鐵弗傳勃

勃與姚興將金洛生姚壽都屢戰於大成、

曰美稷、北魏因之、

後書南匈奴傳、建武二十六年冬、詔南單于居西河美稷、一統志左翼前旂

東南有美稷故城、閻若璩以美稷爲今汾州府、見困學紀聞十三注、錢玷漢

志校注謂在偏關、均誤、　魏書太武紀、延和三年七月。行幸美稷、

曰虎猛、有制虜塞、

陝西通志漢元鳳元年匈奴至西河虎猛制虜塞下告欲和親在榆林府北河套中一統志在左翼前旂

又有漢五原郡三縣曰曼栢至唐爲麟州新秦郡宋因之

後書明帝紀永平七年初置度遼將軍屯五原曼栢師古注縣在勝州銀城縣　舊唐書地志天寶元年唐書開元十二年王忠嗣請割勝州連谷銀城二縣置麟州其年改新秦郡乾元元年復爲麟州領縣三新秦連谷銀城去京師一千四百四十里　宋地志乾德初新秦郡移治吴兒堡五年升建寧軍節度使端拱初改鎮西軍節度縣一新秦

曰南興五代時爲府州宋因之又置豐州與唐豐州異

漢志作南興水經注作南興校注今府谷縣地雲中有北興此作南興府谷縣志縣在北周爲銀城連谷地隋爲榆林富昌金河三縣地唐爲府谷鎮五代唐莊宗以折從阮招回紇建府州於府谷縣宋因之　宋地志慶歷元年

元昊陷州地、嘉祐七年、以府州蘿泊川掌地、復建豐州、游牧記、宋豐州、在今河套東南府谷縣北、非隋唐之豐州也、

右翼後旂

旂駐套內西北鄂勒吉虎泊左、巴爾噶遜泊西、一百七十里、東西距一百八十里、南北距一百六十里、東至左翼後旂界、西至右翼中旂界、南至左翼中旂界、北至鳴刺特旂界、

漢朔方郡屬縣在旂內者曰、朔方縣、魏新興郡朔方縣因之、

漢志、朔方郡屬縣十、注、武帝元朔二年開、匈奴傳、武帝使衛青出雲中以西擊樓煩白羊王於河南、遂取河南地、築朔方城、一統志、朔方縣故城、在鄂爾多斯右翼後旂黃河東岸、闞駰十三州志、匈奴侵邊自定襄以西盡雲中雁門之間、遂空、建安中、丞相曹公聚荒郡之民以為縣、於九原界、立新興郡、領九原朔方等縣屬并州

曰臨河有唐西受降城

水經注、河水又東逕高闕南、又東逕臨河縣故城北、漢元朔三年封代恭王子劉爲侯國、董祐誠曰、元和郡縣志西受降城漢臨河縣故理、蓋臨兼有河北地也、故城當在右翼後旂北兩河之間　唐地志開元初西城爲河所圮、十年總管張說於城東別築新城、北三百里有鸊鵜泉、元和志三受降城景雲三年、張仁愿所置也、初突厥入寇、朔方軍總管沙叱忠義爲賊所敗、詔張仁愿代之、先是朔方軍與突厥、以河爲界、河北有拂雲堆神祠、李益詩漢將新從虜地來旌旆半上拂雲堆單于每向沙場獵南望陰山哭幾回　突厥將入寇、必先詣祭酹求福、因牧馬料兵而後渡河、時默啜盡衆西擊突騎施娑葛、仁愿奏請乘虛奪取漢南地、于河北築三受降城、首尾相應、絕其南寇之路、太子少師唐休璟以爲兩漢以來皆北守黃河、今于寇境築城、恐勞人費功、終爲賊有、仁愿固請不已、中宗竟從之、仁愿表留年滿鎭兵、以助其功、時咸陽兵二百餘人逃歸、仁愿擒獲、盡斬之、軍中股栗、六旬而三城俱就、以拂雲祠爲中城、與東西兩城相去各四百餘里、遙相應接、北拓三百餘里、于牛頭牟那山北、置烽堠一千八百所、自是突厥不得度山放牧、朔方無復寇掠、減鎮兵數萬人、唐書盧坦傳、元和八年、西受降城爲河徙浸毁、宰相李吉甫請移兵於天德故城、坦與李絳叶議、以爲城張仁愿所築、制匈奴上策、城當磧口、居虜西衝、美水豐草、邊防所利、今河流之決、不過退就二三里、奈何舍萬代永安之策、徇一時省費之謀、況天德故城僻處确瘠、其北枕山、與河絶遠、烽候警備、不相統接、虜之唐突、勢無由知、是無故而蹙二百里、非所利也、事不果行、一統志、中受降城在今烏拉特旂西北、黄河北岸、唐呂溫三受降城碑銘幷序、夏后氏遏洪水、驅龍蛇、能禦大菑、以活黔首、周文王城朔方、逐獫狁、能捍大患、以安中區、若非高岸峻防、重門擊柝、雖有盛德、曷觀成功、然則持璿璣而弛張萬象、昊窮之妙用、扼勝勢以擒縱八極、生者之宏圖、道雖無外、權則有備、變化消息、存乎人、三受降城者、皇唐之勝勢也、昔秦不量力、北築長城、右扼臨洮、左馳碣石、生人盡去、不足乘障、兩漢之後、頹爲荒邱、退居河滸、歷代莫進、矯亡秦之弊則可矣、盡中國之利則未然、唐興因循、未暇絕啓、有拂雲祠者、在河之北、地形雄坦、控扼樞會、虜伏其中、以窺域中、禱神觀兵、然後入寇、甲不及環、突如其來、鯨一躍而吞舟、虎數步而擇肉、塞草落而邊甿懼、河冰堅而羽檄走、爰自受命、至於中興、國無甯歲、景龍二年、默啜強暴、黷鄰構怨、埽境西伐、漠南空虛、朔方大總管韓國公張仁愿蹈機而謀、請築三城、奪據其地、跨大河以北、嚮制胡馬之南牧、中宗詔許、橫議不撓、於是留及瓜之戍、斬姦命之卒、六旬雷動、三城岳立、以拂雲祠爲中城、東西相去各四百里、過朔那而北闢斥堠、迭望幾二千所、損費計億、減兵萬人、分形以據、同力而守、東極於海、西窮於天、納陰山於寸眸、拳大漠於一掌、驚塵飛而降火燿、孤鴈起而刁斗鳴、涉河而南、門用晏閑、韓公猶以爲未也、方將建大旆、提金鼓、馳神算、鞠虎旅、看旄頭明滅、與太白進退、小則貢琛贐受厥角定保塞一隅之安、大則倒狼居竭瀚海、空苦寒萬里之野、大略方運、元勳不集、天其未使我唐無北顧之憂乎、厥後賢愚迭任、工拙異勢、剛者黷武、柔者敗律、城隳險固、寇得凌軼、或驅馬飲河而去、或控弦俾壘而旋、吾知韓公必不瞑目於地下矣、今天子誕敷文德、茂育羣生、戢兵和親、七狄右衽、然而軍志有受降如敵、大易有安不忘危、崇墉言言、其可弛柝、亦宜鎮以元老、受之廟勝、剷述舊職、而恢遺功、外勤撫綏、內謹經略、使其來不敢仰視、去不敢反顧、永讋猛氣、無生禍心、聳威馴恩、禽息荒外、安固萬代、術何加焉、敢勒銘城隅、庶儆復隍、而光烈不昧、銘曰、韓侯受命、志在朔易、北方之強、制以全策、亘漠橫塞、揭茲雄壁、如三鬭龍、躍出大澤、並分襟帶、各閉風雷、俯視陰山、仰看昭回、一夫登陴、萬里洞開、日晏秋盡、纖塵不來、時惟韓侯、方運神妙、觀釁則動、乃誅乃弔、廓乎窮荒、盡日所照、天乎未賛、不策清廟、我聖耀德、罷扃北門、優而柔之、用息元元、曷若完守、推亡固存、于襄于夷、

永裕後昆、

曰臨戎、而北周五原郡之永豐鎮、隋豐州之五原郡縣、唐豐州之九原郡縣、即其地也、

漢志元朔五年城、水經注、河水東北逕三封縣故城、又北逕臨戎縣故城西、闞若璩曰、水經注云、舊朔方郡治臨戎、指東漢時也、董祐誠曰、後漢末縣廢、南人謂之賀葛眞城、城當在鄂爾多斯右翼後旗西界內、與三封縣隔河相望、　元和志、周保定三年、置永豐鎮、本漢臨戎縣地、　隋地志、郡統縣三、九原（即甘草城）永豐（即永豐鎮）安化、元和志、開皇三年、於周永豐鎮置豐州、通典、煬帝初州廢、置五原郡、煬帝紀、大業四年、車駕幸五原、因出塞巡長城、一統志、在右翼後旗界、　舊唐書地志、貞觀四年、以突厥降附、置豐州都督府、不領縣、唯領蕃戶、天寶元年、改爲九原郡、乾元元年、復置豐州、領九原永豐二縣、在京師北二千二百六十里、

曰廣牧在周隋時爲甘草城、

水經注、河水東逕臨河縣南又東逕廣牧城北、一統志在故朔方城西、校注、地理志在鄂爾多斯界內黃河南岸、　元和志本漢廣牧縣地其城周隋間、俗謂之甘草城、

曰沃壄北魏時爲沃野鎭、

漢志、元狩三年城、水經注、河水東逕臨戎縣故城西、又東逕沃壄故城南、校注地理志在今甯夏府東北黃河東董祐誠曰、在鄂爾多斯右翼後旂西境、廣牧臨戎二縣間、　魏書孝文紀元年沃野統萬二鎭、勅勒叛、滅之、元和志、沃野鎭故城在天德軍城北六十重、後魏時六鎭從西第一鎭也盛朝勳唐述山房日錄、據薄骨律鎭將刁雝表言、可斷魏初置沃野鎭在漢舊縣、據元和志可斷後移河北矣、

曰窳渾、

水經注、河水東逕沃野故城南、又北迤西溢於窳渾故城東、董祐誠曰、在今鄂爾多斯右翼後旂西北河外勝格里鄂謨之西、曰渠搜、

一統志、故城在故朔方城東、渠搜見於禹貢、魏晉以前、皆目爲朔方地、水經注、河水自朔方東轉逕渠搜故城北、禹貢之所謂渠搜矣、漢書武帝紀、周之成康、北發渠搜、疑窳渾以北、溢出之南北河、禹時或已釃爲渠、渠搜所由名也、禹貢錐指、渠搜在廢夏州北、董祐誠曰、在今榆林府西北鄂爾多斯右翼後旂之東、接左翼後旂界、

左翼後旂

旂駐套內東北之巴爾哈遜湖、在黃河帽帶津西一百四十里、東西距二百八十五里、南北距一百五十里、東至歸化城土默特界、西至左翼中旂界、南至左翼前旂界、北至烏喇特界、秦固陽在旂之東北、漢爲五原郡稒陽縣、後魏爲稒

陽塞、
史記六國表、秦孝公十一年、魏鞅圍固陽、降之、魏惠王十九年、圍長城、塞固陽、　漢志、由稒陽北出石門障、得光祿城、又西北得支就城、又西北得頭曼城、又西北得虖河城、又西得宿虜城、後漢書和帝紀、永元二年、竇憲耿秉出朔方雞鹿塞、南單于出滿夷谷、鄧鴻出稒陽塞、皆會於涿邪山、一統志、稒陽故城、在五原郡東北、近雲中郡、山西通志、稒陽有三、史記魏惠十九年築長城塞固陽、爲魏上郡地、在今河套內、漢志五原郡東部都尉治稒陽城、爲秦九原西境、在今烏剌忒、去薩拉齊廳頗遠、若水經注所舉之稒陽縣、則確在廳境、酈注、又云、河水又東流、石門水注之、水出石門鄣、即此山也、河水又東逕稒陽故城南、王莽之固陰也、地理志曰、自縣北出石門障、河決其西南隅、又東南枝津會焉、　董祐誠曰、漢志屬五原郡、後漢省、當在今薩拉齊西境、蘇爾哲河之東南、臨大河　十六國春秋、後魏登國九年、使元儀屯田五原

至於稒陽塞外、魏書同、太武紀、太延元年、七月、由於稒陽、二年、行幸稒地、形陽志失載、

西曰臨沃、

水經注、河水東逕副陽城南、又東逕臨沃縣南、一統志、在故九原城東、董祐誠曰、二漢志縣屬五原郡、漢末廢、當在烏喇特旂東南、接歸化城土默特旂蘇爾哲河、

曰河陰、

水經注、河水東逕副陽城南、又東逕河陰縣故城北、董祐誠曰、在鄂爾多斯左翼後旂界內、

秦楡中在旂南境、兼有漢唐雲中勝州之地矣、

史記始皇本紀、三十三年、西北斥逐匈奴、自楡中並河以東、屬之陰山、以爲三十四縣、城河上爲塞、三十六年、遷北河楡中三萬家、正義曰、北河勝州也、

榆中、今勝州榆林縣、

又南有漢雲中郡沙南縣蘭池城、北魏爲銀城縣、隋唐爲勝州榆林郡、唐東受降城、即在榆林郡榆林縣之東北八里、振武軍單于都護府同駐其地、今之包頭鎮是也、遼爲振武縣、而遼金元之東勝州、明之東勝衛、淸之東勝廳皆在其地、

水經注、河水東過雲中楨陵縣南、又東過沙南縣北、禹貢錐指、沙南縣在西岸、榆林塞外、唐爲勝州地、　後書順帝紀、陽嘉四年、烏桓寇雲中、圍度遼將軍耿曄於蘭池、注、續漢志、沙南縣有蘭池城、　元和志、後魏銀城縣、本漢沙南縣地、　隋志、開皇二十年、置勝州、大業初、置榆林郡、統榆林、富昌、金河、三縣、　唐志、勝州、領榆林、河濱二縣、通典、勝州東至河四十里、北至河五里、一統志、在左翼後旂界、隋唐勝州、在套內東北、瀕黃河、屈南流處、與遼金東勝州相近、但隔河耳、　唐志、寶歷元年、振武軍節度張惟淸、以東城濱河、徙置

綏遠峯南、寰宇記、東城本漢雲中郡地、在榆林縣東北八里、今屬振武節度、唐志、單于大都護府本雲中都護府、麟德元年更名、領金河一縣、舊書志、振武軍在單于都護府城內、　遼志、後唐莊宗以兄嗣本爲振武節度使、太祖神册元年、伐吐渾還、攻之、盡俘其民以東、唯存鄉兵三百人防戍、後更爲縣、　又遼志東勝州、武興軍下刺史、唐貞觀五年於南河地置決勝州、故謂此爲東勝、太祖破振武、州廢、晋割代北來獻、復置兵事、屬西南招討司、統榆林河濱二縣、一統志州與隋唐勝州相近、但隔河耳、金志州有古東勝城、縣一東勝鎭一寧化、　元志、唐勝州、張仁愿築三城、東城南直榆林、後以濱河、徙置綏遠峯南、今東勝州也、金初屬西夏、復取之、至元時省寧邊之半入焉、明史韃靼傳、河套古朔方郡、唐張仁愿築三受降城處也、地在黃河南、自寧夏至偏頭關、延袤二千里、饒水草、外爲東勝衛、東勝而外、土平衍、敵來一騎不能隱、明初守之、後以曠絕內徙、方輿紀要、東勝州、明初改建東勝左右二衛、兵民皆耕牧河套中、洪武二十六年城、正統三年、邊將周諒言、東勝州廢城、西濱黃河、東接大同、南抵偏關、北連大山榆楊等口、中有赤兒山、東西坦平二百里、其外連亘官山、若屯軍此城、則大同右衛淨水坪、偏頭關、水泉堡四處營堡、皆在其內、可以不勞戍守、非惟可捍蔽太原大同、亦所以保障延安綏德也、時不用、山西通志、此城當在紅山間、托克托清水河兩廳界之胡坦和碩、蒙古語、胡坦、城也、和碩、隅也、當緣舊城而名、　清光緒三十四年、山西巡撫寶芬奏稱、晉邊界郡王札薩克兩旂、墾務日興、民蒙待治、應於兩旂適中之地、板豪素地方、設理事通判一員、該處爲前明東勝城、即名曰東勝廳、今爲縣、屬綏遠城、　曾忠襄奏議、光緒六年正月、上扼要設防疏曰、歸綏迤西草地、可達新疆、商賈販運出口、必須取道包頭、即北往恰克圖、西往烏魯木齊、亦由包頭經過、其地在歸化綏遠兩城之西北三百餘里、背負大青山、最爲險要、三四年前、邊境不靖、常用重兵屯紮云、

後套烏剌特旂

旂、東西距二百十五里、南北距三百里、東至茂明安及歸化城土默特界西與南、並至鄂爾多斯界、北至喀爾喀界清天聰七年、蒙古溫布達爾漢偕圖巴鄂寶等舉部降、編前後中三旂、卽今後套地在黃河北、

秦爲九原郡、當戰國時、地屬趙魏竹書紀年魏襄王十七年、命大夫奴於九原、史記趙世家趙主父西北略地欲從雲中九原直南襲秦是也、漢爲九原縣、屬五原郡、北魏縣因之、遼金時爲雲內州、清光緒季爲五原廳、

水經注、河水東逕九原縣故城南。秦九原郡治此、元和志敬本故城、在中受降北四十里、貫耽古今述曰、以地理求之、前代九原郡城也、董祐誠曰、當在今烏喇特旂東南境、一統志九原故城在漢朔方之東北、今套北黃河東流處、唐勝州在套內東北、九原直其西北、卽陰山、又北爲光祿塞、西卽北假、秦漢號爲絕塞、隋唐豐州雖亦名九原五原、乃漢朔方郡地也、全祖望地理志

稽疑、九原始皇置、漢五原又分朔方、三十三年、蒙恬闢河南地、四十餘縣、蓋以四十餘縣置九原、何以知之、徐廣所謂陽山在河北、陰山在河南者、劉昭以爲俱屬九原之安陽、則九原統屬河南四十四縣可知矣、不然、不應以四十四縣之多、而不置郡也、

漢五原郡、轄十六縣、內固陵文國蒲澤武都莫黠各縣、今莫知所在、河陰一縣、地列套內、餘九原五原各縣、大半分布套外、今茂明安烏喇特兩旂地、漢郡北出長城、得塞外石門鄣、光祿徐自爲城、當時命將出師、武帝天漢六年韓說出五原征和三年李廣利出五原元鼎六年太僕公孫賀出九原後書烏桓傳與鮮卑南匈奴寇五原戰于九原高渠谷發謫屯戍、武帝天漢元年發謫戍屯五原後漢明帝永平七年募郡國中都官死囚屯五原朔方邊縣款塞受降、宣帝甘露二年光武帝建武二十四年匈奴款五原塞願奉國珍朝皆以其地爲樞要、後漢郡領九原、五原、臨沃、宜梁、曼栢、成宜、安陽、文國、河陰、武都、凡十縣、餘省、

漢志郡領、縣十六、卽秦九原郡、武帝元朔二年、更名、屬幷州、清會典、烏蘭察

布盟、茂明安、烏喇特兩部、本秦九原郡、漢更名五原郡地、水經注、河水逕河陰縣故城北、又東逕九原縣故城南、秦九原郡治此、閻若璩曰、秦九原郡、漢五原郡、皆治九原縣、太年御覽麟州下、引晉太康地志、自北郡北行九百里、得五原塞、漢光祿徐自爲出五原塞數百里、築城鄣列亭至廬朐山、卽今縣北光祿塞也、

漢五原縣、又在九原西北、後魏書紀傳、屢言五原、而爲郡爲縣、地形志不載、然其地近沃野鎭、爲防蠕蠕西犯要地、正光以後、爾朱亂政、無暇邊事、而西北嚴疆、視秦漢當日九原五原作郡、未多讓也、

水經注、九原縣西北、接對一城、蓋五原縣故城、其城南面長河、北背連山、一統志、在故九原城西、董祐誠曰、在今烏喇特旂東、近茂明安旂界、後書西羌傳、桓帝延熹二年、燒當八種寇隴右、以叚熲爲校尉、將兵及湟中義從羌一萬二千人擊破之、會叚熲坐事徵、羌遂陸梁、覆沒營塢、復遣熲擊之、西羌彊

定、而東羌先零等既降復叛、頻曰、羌所餘三萬餘落、居近塞內、久亂幷涼界、侵三輔西河上郡、已各內徙安定北地復至單危自雲中五原西至漢陽二千餘里、匈奴種羌並擅其地、如不加誅、轉就滋大、靈帝建寧二年、東羌悉起、

五原郡地、唐時有中受降城、有安北鎮北兩大都護府、又有天德軍、五代暨遼金、均仍之、而遼金元又有雲內州之置、

唐志、城有拂雲堆、又有橫塞軍、可敦城、天寶八載置、西二百里大同川有天德軍、大同川西有天安軍、乾元後徙屯永清柵、故大同城也、元和九年、李吉甫奏修復舊、北有安樂戍、元和志本秦九原郡地、漢武帝元朔二年更名五原、開元時、置安北大都護府、敬本故城、在中城北四十里、鄭虔軍錄曰、時人以張仁愿河外築三城、自古未有、今敬本城周一萬八百七十二步、壕塹深峻、亦古之堅守、賈耽古今述曰、以地理求之、前代九原郡地也、 唐書地理志安北大都護府本燕然都護府、龍朔三年、曰瀚海都督府、總章二年更名、

開元二年治中受降城、十年徙治豐勝二州境、十二年徙治天德軍領陰山通濟二縣、舊書地理志北至陰山七里、至回紇界七百里、去京師二千七百里、在黃河之北、一統志唐時都護府遷徙不常、通典、元和志詳略不同、大約易名者六而天德軍爲最著、遷治者十、而大同川爲最久、　唐書地理志鎮北大都護府、領大同長寧二縣、元和志本安北都護府、景龍二年移理西受降城、開元十年移理中受降城、天寶八年張齊丘又於可敦城置橫塞軍、又自中受降城移理橫塞軍、十二年安思順於大同川西築城置軍、玄宗賜名大安軍、移軍理焉、乾元後改爲天德軍、居人稀少、遂西南移三里、權居永清柵、其理所又移西受降城、元和八年、黃河泛溢城南面毀壞、平章事李吉甫、以天德舊城在西城微南一百八十里、其處見有兩城、本是永清柵、即隋氏大同城舊理、去本城約三里、以下城甚牢小、周回一十二丈、天寶十二載、安思順所置、其城居大同川中、當北戎大路、南接牟那山、南有麥泊、安思順郭子儀本築此城、擬爲朔方根本、其意以中城東城、連振武爲左翼、又以西城豐州、連定遠爲右臂、南制党項、北制匈奴、誠良久之規、屬祿山有事、爲賊將宋星星所破、遂移天德軍永清柵、別置理所於西城、只緣添兵未得、且因循併在一處、力所不足、實非遠圖、於是復移天德軍理所於舊城焉、唐書郭子儀傳、累遷單于副都護、振遠軍使、天寶八載、木剌山始築橫塞軍、及安北都護府、詔卽軍爲使、俄苦地偏不可耕、徙築永順、號天德軍、全祖望五代天德軍建節始末曰、五代史唐本紀、大順二年、克用攻雲州、圍之百餘日、赫連鐸走吐渾、天德之歸於晉、蓋在是時、若天德之陷於契丹、則在莊宗時、遼史太祖本紀、神册五年、略地天德、節度使宋瑤降、更其軍曰應天、瑤復叛、拔其城、擒瑤、俘其家屬、徙其民於陰山南、蓋在莊宗幷梁之前三年、　遼史地理志、天德軍本中受降城、唐乾元中由大同川移永清柵、今治是也、遼平党項以國族爲節度使、有黃河、黑山峪、盧城、威塞軍、秦長城、唐長城、牟那山、鉗觜城、在其北天祚紀、保大二年十二月、金兵至居庸、蕭德妃出北口、趨天德軍、天祚怒誅之、三年、駐蹕雲內州南、四月、金兵圍輜重於青冢硬寨、上遁雲內、四年、天祚以耶律大石兵歸、又得陰山室韋謨葛失兵、自謂得天助、再謀出兵、復收燕雲、大石諫阻不聽、率所部西去、上率諸軍出夾山、下漁陽嶺、取天德東勝、寧邊、雲內等州、南下武州、遇金人戰於奄遏下水、復潰、直趨山陰、五月、越天德、過沙漠、金兵忽至、上徒步出走、至天德、　遼史地理志雲內州本中受降城地、清寧初、升開遠軍、有威塞軍、古可敦城、大同川、天安軍、永清柵、安樂戍、拂雲堆、統柔服、寧人二縣、金史地理志西京路大同府豐州下、天德軍節度使、皇統九年升總管府、置西北路招討司、以天德尹兼之、大定元年、降天德軍節度使、統富民縣一、振武鎮一、　宋史夏國傳先是金人滅遼、黏罕使撒母使夏國、許割天德雲內金肅河清四軍、及武州八館地、約攻麟州、以牽河東之勢、靖康元年三月、夏人由金肅河清渡河、取天德雲內武州河東八館地、四月、陷震威城、兵馬監押朱昭死之、繼而金貴人兀室、以數萬騎陽爲遯、掩至天德、逼逐夏人、悉奪其地、金史西夏傳、天輔六年、金破遼兵、遼主走陰山、夏將李良輔將兵三萬救遼、次天德境、斡魯婁室敗之於宜水、追至野谷澗、水暴至、漂沒者不可勝計、宗望至陰山、與夏議和、又初以山西九州與宋人、而天德遠在一隅、緩急不可及、割以與夏、後破宋都、獲二帝、乃畫陝西分界、復分陝西北鄙、以易天德雲內、以河爲界、　金史地理志、雲內州統柔服、(夾山在城北六十里)里、雲川二縣、本曷董館、後升裕民縣、旋廢、大定時復更今名、元史地理志、雲內州、卽唐中受降城地、金時州領雲川柔服二縣、元初廢縣入州、孛羅帖木兒傳、至正十九年三月、詔孛羅帖木兒移兵大同、置大都督兵農司、專督屯種、以孛羅帖木兒領之、當月領兵豐州雲內、與關先生戰、關軍奔潰、

又有漢五原郡領縣曰宜梁

水經注、河水東逕宜梁縣故城南、十三州志、故城在五原縣西南六十里、今世謂之石崖城、

曰成宜

水經注河水又東逕成宜縣故城南、一統志、在故九原城西、禹貢錐指、在廢豐州界、

曰西安陽

水經注、河水東南逕朔方縣故城東北、屈南過五原西安陽南、一統志、在故九原城西、禹貢錐指、在廢豐州東北、何焯曰、汝南有安陽、故此加西、代郡加東也、後漢郡國志、西安陽北有陰山、董祐誠曰、自西安陽以下、田辟城、九原縣、成宜縣、原亭城、宜梁縣、稒陽縣、當並在今烏喇特之南、大河之北、東西相列、

曰河目、北假在焉、漢代屯田要地也、

水經注、河水自臨河縣東逕陽山南、南逕河目縣左、括地志、河目故城在北假中、董祐誠曰、在今烏喇特旂境大河之東、　史記匈奴傳、蒙恬度河、據陽山北假中、水經注、河水南屈逕河目縣、在北假中北假地名也、自高闕以東、夾山帶河、陽山以往、皆北假也、董祐誠曰、自阿爾坦山迤東至烏喇特南、皆古北假也、

河套圖志卷二

山川池泊第二

富平張鵬一扶萬編

河套外諸山

套地平衍、沙漠亙互、鹽池鹼泊外、黃河三面、陰山千里、秦漢戍守或壘石爲塞、或高闕蔽天蓋皆禦敵于境外、防變于未形誠善用山川形勢哉、明守榆谿緣邊築堡燧地示弱、備禦不暇、難言山川險隘之用矣、今以套外諸山考之、其著者惟陰山、漢時在西安陽縣北唐時在中受降城東北、侯應所謂自北塞至遼東外東西千餘里是也、今蒙古名噶札爾和碩山、陰山又有陽山之名、以黃河地望別之、蒙古謂之洪爾戈山、

明九邊考、自陰山而北、皆大磧、磧東西數千里、南北亦千里、無水草不可駐牧、中國得陰山、乘高而望、寇出沒蹤蹟、皆見、爲禦邊要地、禹貢錐指陽山卽陰山也、在中國極北、故名陰山、在河水之北、故亦謂之陽山、

陰山之南、有牟頭牟那山、唐張仁愿于山立烽候一千八百所、備匈奴、其山又名朝那山、蒙古名鷄鹽陀羅海、

說詳唐書張仁愿傳

朝那迤東、有漢石門障、古入匈奴大路也、以光祿徐自爲於其地築城、故又謂之光祿塞、

漢書匈奴傳、太初三年、光祿徐自爲出五原塞、數百里、遠者千里、築城障、列亭至盧朐、注盧朐山名、地理志稒陽縣北石門障得光祿城、水經注、石門水出石門山、山在舊臨沃縣境、

南有高闕、趙武靈王以之爲塞、而衛青將十餘萬、伐匈奴所從出也、然唐人云、闕在漢臨戎縣北、則東西懸絕、疑古時地兼東西、故近人寄屠以今包頭鎮、當漢高闕塞也、

水經注、趙武靈王既襲胡服、自代並陰山下、至高闕爲塞、山下有長城、連山

剌天、其山中斷兩岸雙闕雲舉、卽狀表目、故有高闕之名、自闕北出荒中、董祐誠曰、史記正義引括地志、臨戎縣北有連山、俗名高闕、

又東有黑山、亦陰山之别、唐裴行儉郭知運石雄、曾于其地先後破突厥、山又名殺胡、在今歸化城土默特界蘇拉木倫河東、

唐書裴行儉傳、調露元年討突厥、賊衆於黑山拒戰、行儉頻戰破之、郭知運傳、開元四年突厥降戶叛、知運領朔方兵邀擊于黑山呼衍谷、大破之、通鑑武宗會昌三年、石雄破回鶻于殺湖山、讀史兵略注、殺胡山卽黑山、

陰山左近有木根山、北魏道武帝嘗幸其地、而北周之木賴山、疑同一山也、

晋書載記苻堅建元元年、鄧羌討劉衞辰、擒之於木根山、讀史兵略注、山在五原迤西、周書突厥傳、魏廢帝元年、突厥科羅破鄧叔子於沃野北木賴山、陝志謂在靖邊縣北套內、非是、

套內諸山、在右翼前旂界內曰達爾巴哈圖、在旂西十里曰賀綫圖山、一名回

回墓、在旂西南一百八十里、奢延水出焉、當卽古契吳山、赫連勃勃所登臨也、而唐朔方縣之木瓜嶺、明李珍擣套寇之馬良山、似皆在其地、十六國春秋、勃勃北遊契吳、歎曰、美哉、臨廣澤而帶淸流、吾行地多矣、自馬嶺以北、大河以南、未之有也、

詳一統志

曰巴音山、曰錦屛山、均在旂西南三百里外、其在正南者曰恩多爾拜山、曰蘇海阿魯山、去旂三百餘里、曰總柴山、在旂東南一百四十里、蒙古名摩多圖、其在右翼中旂界內者、曰色爾繃哈剌山、曰阿爾布斯山、在旂西北二百里至一百餘里不等、惟邵隆山去旂二十餘里、

詳淸會典

在右翼後旂界內者、曰馬陰山、在旂西北四十里、與塞外陰山名同而山異、曰越沒堆、鄂爾吉虎泊所在也、

九域志越沒堆在豐州東北九十里、當有誤、此堆近唐豐州也、卽越沒濼、與宋豐州在今府谷縣北境百十五里套內者不同、餘詳一統志、

其在左翼中旂界內者曰、鄂錫喜峯突起平地、札薩克所駐也、曰額勒蘇特烏蘭陀羅海、在旂西南六十里、曰噶該陀羅海、在旂東北九十里、曰滿夷谷、漢南單于用兵之地、一統志云當在旂東六七十里哈楚爾河北界也、後書竇憲傳、南單于出滿夷谷、讀史兵略注、南單于庭在西河美稷、後鄧鴻討逢侯、兵至美稷、逢侯乘冰度滿夷谷、可知在美稷西北、

其在左翼前旂界內者、曰沙角山、曰暖泉山、曰得石峯、均在旂西五六十里、三秦記、河西有沙角山、峯崿危峻、逾於石山、其沙粒粗、色黃如乾糒、山陽有泉、名沙井、綿歷今古、沙不塡之、九域志、豐州西五十里至沙井嶺、又暖泉山、在州西北三十七里、一統志、得石峯在旂西北六十里、曰賀陀羅海、在旂北一百里、曰夾山、在旂東南六十里、蒙古名和岳爾哈剌陀

羅海、遼天祚失國、東入夾山、疑即此山也、曰薛林山、拔鄰山、紇那山、皆北魏用兵之地、今不能確指也、

魏書明帝紀泰常四年、帝從君子津西渡、大狩于薛林山、又太武紀始光四年、西討赫連昌、濟君子津、次拔鄰山、又蠕蠕傳登國六年、討蠕蠕緼紇提西遁、魏主追至跋紇那山、緼紇提降、陝志諸山皆在府谷縣北套內、餘詳游牧記、

其在左翼後旂界內者、曰巴哈伊克二翁袞岡、在旂南四十里、曰哈錫拉克陀羅海、在旂西南百四十里、接左翼中旂界、曰察罕拜圖二陀羅海、在旂西百三四十里、曰託託克陀羅海、在旂東百十里、漁河水所出也、曰退諸陀羅海、在旂東南百四十五里、

詳一統志

套地黃河諸水

套地內外諸水、多入黃河、今以水道提綱、淸會典、內蒙古圖所載考之、黃河自甯夏府東南境之橫城堡、西當長城斷處、又東北出邊、爲河套、鄂爾多斯兩翼六旂地、

水道提綱、自橫城堡以北、爲右翼中旂西境、其東岸爲甯夏境、以河爲界、黃河東北流、有大小托蘇圖河、出旂（右中）南、西流匯爲博木泊、西北流注之、又東北經旂（右中）西、循阿爾布山色爾䋲哈剌山西麓、至白塔東、稍曲折北流、歧爲二派、一東北流、經後旂右翼西北境、一北流、注騰格里泊、古𣲘渾之屠申澤也、哈爾哈納河出其西北、合三水南流、折東注之、

水道提綱、騰格里泊、東西甚長、自西南迤向東北、周百餘里、又從泊東北出、會北來之阿爾坦河、（俗名哈屯河）又東北爲庫庫泊、折而東流、其東流之正派、亦自南來合、

水道提綱、河自甯夏東北、至此始折、共六百餘里、其北即陽山、西即高闕（說見）

前又北則大漠也、東折處、當阿爾坦山之南、正派東北流、經右翼後旂西北六十里、又分爲二、一南支東流、一北支北流、八十里又分爲二、一北與庫庫泊東北流會、一東南流、南北地百餘里間、三渠並東流二百六十里、經後旂北境、卽古朔方河南地也、最北一派、中分後合、東至噶札爾和碩山南、大漠得兒山西南、始折東南流、又分而合、復分而東南、共百三十里、至吳剌忒旂西之墨爾楚克和碩山北、始折而西南流、北派復自西來會、又西南至几爾哈郎圖南、南派亦自西來會、三派復合、

水道提綱、古稱南河北河、今則三支分合如織、河北岸最高者曰翁金朔龍山曰巴爾哈山曰噶札爾和碩山曰洪戈爾山也、皆吳剌忒旂西北境、東南流五十里、折而東流、經右翼後旂北、吳剌忒旂南、

水道提綱、古五原郡、又三受降地、今惟北岸有巴爾朱罕城址、在二几圖嶺之東、今五原縣治 其再西陰山相接不斷、自此蜿蜒而東至歸化城、

直行五百里、經左翼後旗西北境、卽古勝州地、有烏爾巴齊河、大小土爾根河、陶兒昆兌河、布爾哈蘇台河、喀賴河、西都爾虎河、並北流注之、其北岸大者曰昆都侖河、卽哈剌木倫也、原出毛明安界內、又東經左翼後旗北、其北岸爲山西薩拉齊廳界、又東折東南、其東北岸爲山西托克托廳界、南岸有虎蘇台河、折格蘇河、合而東北流入河、

水道提綱、大土爾根河、卽古白渠、荒干水、亦曰金河、源出殺虎口外鑲藍旗察哈爾東北七十里、哈剌蘇台坡、名哈剌烏蘇、至歸化城、南有巴哈土爾根河、卽小黑河也、

黃河又屈曲西南、經左翼前旗東、其東岸爲山西淸水河廳、偏關縣界、又西南爲山西河曲縣界、折南入陝西府谷縣界、此爲出套河、

套地西自甯夏北、折蘇圖河、入大河處、東至大河冒帶渡口、共八百十里、爲鄂爾多斯左右翼六旗地、

水道提綱、冒帶渡在歸化城西一百九十里、西北爲湖灘河朔、即古君子津、在歸化城西南一百九十里、爲黃河東岸、

河至府谷縣界黃甫川出左翼前旂南境、東南流、亦入府谷縣境、

府谷縣志黃甫川、一名石門水、出石門山、俗以爲黃甫川、自塞外牛武城南、逕黃甫營邊牆入口、南流至縣東楊家川口入黃河、

九股河出左翼前旂西南境、東南流入神木縣界、入于河

神木縣册、九股河、一名孤山水、在神木西南、源出邊外、九源並導、合爲一流、東南流入邊牆、又東流三十里入黃河、一統志左翼前旂西南一百四十里、有博羅哈爾几圖河、同旂西南之獐河、入邊城、即府谷縣之九股水、

烏蘭木倫河、出左翼中旂東境、合一水南流、又南哈楚爾河、合一水西南流注之、又南折東布哈河、合舒輝河、西南流注之、又會東南流、亦入神木縣界、爲屈野河、又有禿尾河東流來會、

烏蘭木倫河在旂左中東二十五里源出台石坡西平地西南流入邊城卽漢地志羅穀縣之武澤也後漢書注作虎澤永初三年梁慬耿种攻南單于虎澤是也又名紫淵見上林賦一統志哈楚爾河在旂西八十里源出哈楚爾坡西平地西南流合紫河流入神木縣爲屈野河一統志布哈河在左翼前旂西南三十里源出博羅巴爾哈孫東平地西南流會紫河舒輝河在旂西八十里 水道提綱屈野河源出河套鄂爾多斯左翼中旂曰臺石坡東南流出左翼前旂東南境與東來之哈楚爾河布哈河會南流二百餘里入邊城大川口有小水東北來會折南流經神木縣城西又南折東南流五十里又東南流百里有禿尾河西北自鎭川台流入邊城經栢林堡北又東南流百三十里東流來會又東南有一水自西來會又南至府谷縣屬之沙卯頭入黃河

清水河亦出右翼前旂東南境南流合三岔河入楡林縣界至府谷縣東入黃

河、

蒙古河套圖、清水河、蒙古名烏兔高兒、發源處俗稱五浪五素溝、哈柳圖河、一名吃那河、即古黑水、出右翼前旂東、今之小水、東南流、錫拉烏蘇河、一名金河合納林河、一名細河東南流注之、他克拉布拉河合二水南流注之、又東南經邊城外額圖渾河、即奢延水、一名生水、又名朔水、出旂西南、賀通圖山、合二小水、東北流注之、是爲無定河、經懷遠縣今名橫山東南流至綏德州境、凡七百里入黃河、

水道提綱、無定河有二源、西源曰額圖渾河、東入懷遠、今橫山縣邊城爲恍惚都河、又折東北至波羅營與北來哈柳圖河會海留圖、即東源、古黑水也、東南入榆林邊、于波羅營北、而西源來會、又東南經榆林南境、有榆溪西河、北至榆林城西、東南流來會、榆溪西河源曰清活河、潛出右翼前旂南平地、南流、曰西伯爾河、合克綢及阿爾塞二水、東南入雄石峽口邊城、經榆林城西南、曰

三岔河、又東南入無定河、無定河又東南經魚河鎭川二堡南、又東南經米脂縣城西南、折而東南流至綏德州東南入河、

河套地多池澤、套外庫庫泊、活魚兒泊、套內博木泊、已見前、鄂爾吉虎泊、一名烏蘭池、古越浸濼也、在右翼後旂西南、爲西刺木倫河北流所匯、在黃河分支折向東處之東百餘里、古朔方郡地、

游牧記鄂爾吉虎泊、杭錦札薩克所駐、一統志、池西六十里、有古爾班崇圖池、因有三池、故名、

有哈剌莽乃泊、套中鹽池也、漢爲朔方縣金蓮鹽池、唐爲長澤縣胡洛鹽池也、在右翼後旂東南、周三十里、又東南爲錫拉布里多泊、托來烏蘭二水瀦焉、

見清會典、

左翼後旂西南有納馬代泊、喀錫刺喀河北流瀦焉、巴爾哈泊在其西、坎台河東北流瀦焉、錫都拉虎河又在其西、札薩克所駐也、又東百十里、有捕魚泊、蒙

古名折葛蘇台、又東北四十里、有蒲泊、蒙古名呼魯蘇台、均一水東北流瀦焉、

右翼前旂界內巴哈泊、在榆林北二百三十里、札薩克所駐也、有通哈拉克泊、通哈拉克河、自靖邊縣北來瀦焉、

一統志、通哈拉克泊、蒙古又名烏楞諾爾、又名紅鹽池、又名青山湖、明成化時、總督王越敗套寇于紅鹽池、即此、在旂西南三百里、榆林衛志、在衛西北三百五十里、按定邊縣志云、靖邊縣鹽場堡北套內有大鹽池、周八十里、狗池、周二十里、倭波地、周八里、明人又謂之鍋底池、當即通哈剌克泊也、

有長鹽池、葫蘆海、大鹽濼、哈達圖泊、

一統志、長鹽池、在旂南三十五里、游牧記、葫蘆海、蒙古名席伯爾、在旂南九十里、即榆林西河上源、古帝原水也、大鹽濼、一統志、在旂東五十里、蒙古名特墨圖察罕池、哈達圖泊、一統志、在旂東北三十里、接左翼後旂界、

有苦水池、在旂西北六十五里、接右翼中旂界、蒙古名察罕札達泊、又名莽蓋

兔、今神木番鹼所產也、

神木鄉土志苦水池凡二、一東諾爾周十餘里、同治九年提督宋慶破回子于札薩克莽蓋兔即此、一西諾爾周四十里、面徑十三里、兩池相距八里、光緒末以教案賠款租于神木鹼廠、詳物產門、

泊在右翼中旂界內者、有大藍上魯池、有彬草湖、有神水灘、有特黑圖池、

一統志大藍上魯池、在旂西北四十二里、彬草湖、陝志在靖邊縣寧塞堡西北套內、神水灘、在縣東北套內、榆林府册、灘周百餘步、旱澇無減、游牧記特黑圖池、在旂南百十里、

職官第三

富平張鵬一扶萬編

秦九原新秦各官、於史無徵、然扶蘇蒙恬、分監上郡、其重視邊地可知已、漢度遼將軍、屯曼栢五原、匈奴郎將屯美稷、各部都尉、布列郡邑、猶唐以安北單于二都護、彈壓藩部、天德振武二軍使、鎮攝巖疆、其制一也、農尉鹽官、漢有專職、唐刺史節使、兼營田鹽榷、專職兼任、重輕雖殊、收效無異、遼金西夏、鼎峙西北、金置雲內州軍、分布大河東隅、防禦尤嚴、西夏東抗東勝、北限天德陰山瀚海、不能踰越跼蹐新秦、見吞蒙兀、明代失計、退築邊牆、及敵騎南下、督撫總制、張皇肆應、不出堂奧、以視漢唐北假設官、三城置使、單于款塞、雞田授州、其勝算爲何如哉、清因明舊、羈縻屬藩、故同治新疆伊犁之失、無補車犄角之援、金積一役、勞師動衆、如克大敵、建官設職、控馭要害、籌邊者可以鑒已、

漢度遼將軍

後漢書百官志注、引應劭漢官儀曰、度遼將軍、武帝初用范明友、明帝永平八年、復置、以衛南單于、秩二千石、長史司馬六百石、安帝紀、延光三年注、漢官儀曰、度遼將軍屯五原曼柏、考范明友、武帝時吳棠、明帝時鄧鴻、和帝時鄧遵、耿夔、安帝時龐奮、和帝時龐參、耿曇、裴曄、耿昱、馬續、順帝時皇甫稜、張奐、桓帝時鮮于輔、獻帝時獨孤進、陝西通志均度遼將軍、而事功著者、有耿秉、朱徽、梁慬、陳龜、李膺、皇甫規、橋玄、种暠等八人、

後書耿秉傳、字伯初、以父任爲郎、肅宗建初元年、拜度遼將軍、視事七年、匈奴懷其恩信、　後書南匈奴傳、永元六年、以執金吾朱徽、行度遼將軍、時南單于中郎將杜崇、不相平、上書告崇、崇因與徽上言、南單于安國疏故胡、親新降、遂發兵造其庭、安國夜聞漢兵至、大驚、棄帳去、曼柏城門閉、不得入、乃引兵屯五原、崇徽因發諸郡騎追赴之急、安國舅喜爲等、乃格殺安國、　後書梁慬傳、安帝永初四年、南單于圍中郎將耿种數月、梁慬將八千餘人馳

赴之、至屬國故城、破其渠帥、殺三千餘人、單于復自將七八千騎迎攻圍慬、慬奔擊、所向皆破、虜遂引還虎澤、三月、何熙軍到五原、暴疾不能進、遣龐雄與梁慬及耿种步騎萬六千攻虎澤、連營稍前、單于惶怖、詣慬乞降、慬陳兵受之、卽拜慬度遼將軍、

後書陳龜傳、家世邊將、便習弓馬、雄於北州、龜少有志氣、永建（順帝）中、舉孝廉、五遷五原太守、又羌胡寇邊、殺長吏、驅略百姓、桓帝以龜世諳邊俗、拜爲度遼將軍、又龜到職、州郡重足震慄、鮮卑不敢近塞、省息經用、歲以億計、

後書黨錮傳、永壽（桓帝）二年、鮮卑寇雲中、桓帝聞膺能復徵爲度遼將軍、先是羌虜及疏勒龜茲數出攻鈔張掖酒泉雲中諸郡、百姓屢被其害、自膺到邊、皆望風懼服、先所掠男女、悉送還塞下、自是之後、聲振遠城、

後書皇甫規傳、字威明、安定朝那人也、祖父稜、度遼將軍、又延熹（桓帝時）、時徵拜度遼將軍、至營數月、上書薦中郎將張奐以自代、朝廷從之、以奐代爲度遼將軍、規爲使匈奴中郎將、及奐遷大司農、規復代爲度遼將軍

在事數歲、北邊威服、永康元年、徵爲尙書、　後書橋玄傳、桓帝末、鮮卑南匈奴、及高句驪嗣子伯固、並畔爲寇鈔、四府舉玄爲度遼將軍、假黃鉞、玄至鎭、伏兵養士、然後督諸將守、討擊胡虜、及伯固等、皆破散退走、在職三年、邊境安靜、靈帝初徵入爲河南尹、　後書种暠傳、匈奴寇幷涼二州、桓帝擢暠爲度遼將軍、暠到營所、先宣恩信、誘降諸胡、其有不服、然後加討、羌虜先時有生見獲、質於郡縣者、悉遣還之、誠心懷撫、信賞分明、由是羌胡龜茲莎車烏孫等、皆來順服、暠乃去烽燧、除候望、邊方晏然無警、入爲大司農、

使匈奴中郎將

後書百官志、中郎將一人、比二千石、本注曰、主護南單于、置從事二人、有事隨事增之、掾隨事爲員、考郎將在順帝時、有王稠、陳龜、馬實、張國、在靈帝時、有張奐、臧旻、而段彬、杜崇、馬翼、張航、時有功焉、

後書光武紀、建武二十六年、遣中郎將段彬、授南單于璽綬、令入居雲中、始

置使匈奴中郎將、將兵衛護之、注、漢官儀曰、使匈奴中郎將、屯西河美稷縣也、和帝紀、永平六年、南單于安國從弟子逢侯、率叛胡亡出塞、九月、使匈奴中郎將杜崇討之、安帝紀、延光三年、南匈奴左日逐王叛、使匈奴中郎馬翼討破之、順帝紀、永和五年、南匈奴左部大人句龍吾斯等、東引烏桓、西收羌胡、寇上郡、立車紐爲單于、冬十一月、遣使匈奴中郎將張耽擊破車紐、

漢朔方刺史 朔方五原郡太守

後書光武紀、漢初遣丞相史分刺州、武帝元封五年、置部刺史、秩六百石、員十三人、各主一州、成帝綏和元年、罷刺史、置州牧、秩眞二千石、平當傳、引師古注、武帝初置朔方郡、別令刺史監之、不在十三州之限、錢大昕曰、武帝元封五年、置十三部刺史、幷與朔方、各自爲部、未嘗屬幷州、朔方之屬幷、乃建武十一年事耳、上郡亦屬朔方部、故馮野王爲上郡太守、朔方刺史蕭育奏封事、薦之、漢

書百官表、太守掌治其郡、秩二千石、屬有丞、邊郡有長史、掌兵馬、秩皆六百石、漢朔方刺史見於史者、有平當翟方進、朔方太守、有賈琮田颯五原太守、有隋昱崔寔、

漢書平當傳、遷丞相司直、（成帝時）坐法左遷朔方刺史、　漢書翟方進傳河平中、（成帝時）轉爲博士數年遷朔方刺史居官不煩苛所察應條輒舉甚有威名、　後書賈琮傳爲朔方太守、舊內郡徙人在邊者、率多貧弱、爲居人所僕役、不得爲吏、琮擢用其任職者、與邊吏參選轉相監司、以摘發其奸、或以次補長吏、故各願盡死、　後書盧芳傳初五原人李興隋昱朔方人田颯代郡人石鮪閔湛、各起兵自稱將軍、建武四年、單于遣無樓且渠王入五原塞與李興等和親、告興欲令芳還漢地爲帝、五年、李興引兵至單于庭迎芳與俱入塞都九原縣、掠有五原朔方雲中定襄鴈門五郡、並置守令、侵苦北邊、建武七年冬、芳以事誅其五原太守李興兄弟、而其朔方太守田颯雲中太守橋

扈恐懼叛芳舉郡降光武復令領職如故　又傳建武十三年芳與賈覽共攻雲中不下其將隋昱守九原欲脅芳降芳知羽翼外附心膂內離遂棄輜重十餘騎亡入匈奴其衆盡歸昱昱乃隨使者程恂詣闕拜昱爲五原太守

後書崔寔傳召拜議郎遷大將軍冀司馬出爲五原太守五原土宜麻枲而俗不知織績民冬月無衣積細草而臥其中見吏則衣草而出寔至官斥賣儲峙爲作紡績織紝練縕之具以教之民得免寒苦是時胡虜連入雲中朔方殺吏民一歲至九奔命寔整厲士馬嚴烽候虜不敢犯常爲邊最以病徵拜議郎

郡都尉　農都尉　鹽官　田官

漢初郡置都尉後漢省惟邊郡仍置其在上郡高望縣者有北部都尉在西河郡虎猛縣五原郡田辟城朔方郡窳渾縣者有西部都尉在朔方郡廣牧縣五原郡稒陽縣蒲澤縣者有東部都尉而中部都尉治五原郡成宜縣原高城朔

方郡渠搜縣、

漢書百官表、都尉掌武職甲卒、秩皆二千石、有秩六百石、後書百官志、各郡都尉皆省、惟邊郡仍置、各有丞、漢律近塞置都尉、百里一人、士史尉史各二人、

郡都尉外、又有農都尉、主屯田殖穀、屬國都尉、主蠻夷降者、分治五原西河之美稷、上郡之龜茲、

漢書百官表、武帝初置農都尉、後書百官志、邊郡置農都尉、主屯田殖穀、漢官儀、農都尉不治民、 又百官志、武帝置屬國都尉、主蠻夷降者、屬有丞、有候、千人、

又置鹽官於西河郡之富昌、五原郡之成宜、朔方郡之沃壄、廣牧、朔方各縣、惟

地理志、朔方縣之金蓮澤、青鹽澤、爲今哈剌耐莽池、餘不可考、

百官志、郡有鹽官、鐵官、工官、都水官、隨事廣狹、置令長及丞、秩次皆如縣道、

無分土給均吏、本注曰、凡郡縣出鹽多者、主鹽稅、出鐵多者置鐵官主鼓鑄、有工多者、置工官主工稅物、有水池及魚利多者、置水官主平水、收漁稅、又有田官、即五原郡河目縣之北假田官也、

元帝紀晋灼說

赫連夏、

晋南渡後、朔方爲赫連氏所據、魏書文皇帝鬱律立思二年、劉虎據朔方、虎子務桓、桓三子衛辰立、附魏、又通苻堅、旋背堅、爲堅所擒、封夏陽公、魏伐之、因奔堅、以爲西單于、攝河西雜虜、屯代來城、慕容永據長子、拜衛辰朔方牧、居朔方、衛辰子勃勃、字屈孑、衛辰見殺、勃勃奔於叱干部、姚興見而奇之、拜驍騎將軍、參軍國大議、爲持節安北將軍五原公、配以三交五部鮮卑及雜虜二萬餘落、鎭朔方、義熙二年、僭稱天王大單于、赦其境內、建元曰龍昇、署置百官、自以匈奴夏后氏之苗裔也、國稱大夏、九年、改元爲鳳翔、以叱干阿利領將作大匠、發

嶺北夷夏十萬人於朔方水北、黑水之南、營起都城、勃勃自言朕方統一天下、君臨萬邦、可以統萬爲名、河利性尤工巧、然殘忍刻薄、乃蒸土築城、錐入一寸、卽殺作者而幷築之、勃勃以爲忠、故委以營繕之任、俄而劉裕滅姚泓、入長安。遣使遺勃勃書請通和好、約爲兄弟、裕留子義眞鎮長安而還、勃勃以子璝都督前鋒諸軍、軍領撫軍大將軍、率騎二萬南伐長安、璝至渭陽、關中郡縣悉降、璝夜襲長安不剋、勃勃進據咸陽、長安樵採路絕、劉璝聞之大懼、乃召義眞東鎮洛陽、以朱齡石爲雍州刺史、守長安、義眞大掠而東、至灞上、百姓遂逐齡石、而迎勃勃入於長安、於是勃勃大饗將士於長安、爲壇於灞上、僭卽皇帝位、赦其境內、改元爲昌武、羣臣勸都長安、勃勃曰、朕豈不知長安累帝舊都、有山河四塞之固、但荊吳僻遠、勢不能爲人之患、東魏與我同壤境、去北京裁數百餘里、若都長安、北京恐有不守之憂、朕在統萬、彼終不敢濟河、諸卿適未見此耳、乃於長安置南臺、以璝領大將軍、雍州牧、錄南臺尚書事、勃勃還統萬、以宮殿大成、於是赦其境內、又改元曰眞興、刻石都南、頌其功德、秘書監胡義周之辭也、勃勃性凶暴好殺、無順守之規、夷夏囂然、人無生賴、在位十三年、而宋受禪、以宋元嘉二年死、子昌嗣僞位、尋爲魏所擒、至定而亡、凡二十有六載而已、

見魏書本紀鐵弗傳勃勃傳

北魏統萬鎭將　夏州刺史

魏書官氏志、鎭軍將軍、第一品下、又舊制、緣邊置鎭都大將、統兵備禦、與刺史同、城隍倉庫、皆鎭將主之、又諸州置三刺史、宗室一人、異姓二人、又後以遠近多事、置京大都督、復立都督、俱總軍人、諸州各置都尉、以主兵、北魏初都平城、屛蔽河西者、統萬爲重鎭、世祖時、鎭將和歸、元素、桓貸、樓伏連、豆代田、河間王閭虎皮、均見紀傳、而知名者、南陽王惠壽、尉元、拓跋太興等、

文成帝紀、興安元年、屠各王景文叛、詔統萬鎭將惠壽討平之、又尉元傳、太和初、徵爲內都大官、出爲使持節、鎭西大將軍、開府、統萬鎭都將、甚得夷民

之心、又京兆王子推傳子太興、襲爵拜統萬鎮將、改封西河、後改鎮夏州、仍以太興爲刺史、除守衛尉卿、

夏州刺史見于史者、源子雍等四人、穆羆、李崱、庫狄囘洛、（見北齊書）拔也惡李和怡峯、宇文泰、劉平伏陸彌、（見周書）

魏書源子雍傳遷夏州刺史、時沃野鎮人破落汗拔陵首爲反亂、所在蜂起、統萬逆胡與相應接、子雍嬰城自守、城中糧盡、煑馬皮而食、子雍善撫綏、得士心、以饑饉轉切、欲自出求糧、留子延伯據守、遂自將羸弱向東運糧、時北海王顥爲大行臺、子雍具陳賊可滅之狀、顥給子雍兵馬、令其先行、時東夏境、叛賊所在屯結、子雍轉鬬而前、九旬之中、凡數十戰、乃平東夏、徵租稅粟、運於統萬、於是二夏漸平、　周書和傳其先狄道人、徙居夏州、大統時、爲夏州刺史、賜姓宇文氏、改封永豐縣公、在夏州頗留遺惠、　周書文帝紀、齊神武既破爾朱、遂專朝政、太祖（宇文泰）往觀之、還謂岳、（賀拔岳）曰、費也頭控弦之騎

不下一萬、夏州刺史斛拔彌俄突勝兵之士三千餘人、及靈州刺史曹泥、並恃僻遠、常懷異望、又魏書神武紀、天平元年正月、神武自將萬騎襲魏夏州、不火食四日而至、縛稍爲梯、夜入其城、擒刺史斛拔俄彌突而用之、留都督張瓊以鎭之、又紀魏孝武太昌元年正月、賀拔岳引兵西次平涼、謀於其衆曰、夏州鄰接寇賊、須加綏撫、安得良刺史以鎭之、衆皆曰宇文左丞卽其人也、岳曰、左丞吾左右手也、如何可廢、沈吟累日、乃從衆議、於是表太祖爲使持節武衛將軍、夏州刺史、又三月、太祖（宇文泰）令李弼鎭原州、夏州刺史拔也惡蚝鎭南秦州、

北周夏州刺史、有王雅、蔡襲等、而長孫儉勳最著、

周書儉傳、賀拔岳被害、太祖赴平涼、凡有經綸謀策、僉皆參預、從平侯莫陳悅、留儉爲秦州長史、時西夏州仍未內屬、而東魏遣許和爲刺史、儉以爲信義招之、和乃舉州歸附、卽以儉爲西夏州刺史、總統三夏州、後鎭江陵、遷大

將軍、移鎭荊州總管三年以疾還京、爲夏州總管薨

隋榆關夏州總管　榆林太守

隋書百官志、州置總管刺史加使持節、又文帝初、州置刺史、煬帝省諸州爲郡、罷刺史、其夏州總管有豆盧勣、吐萬緒、惟豆盧通、達奚長孺有名、

隋書通傳、勣之兄也、開皇初、拜定州刺史、後轉相州刺史、遷夏州總管、洪州總管、所在之職、並稱寬惠、　長孺傳、開皇時文帝紀十五年爲夏州總管、三州六鎭都將軍、匈奴憚之、不敢窺塞、以病免、

榆關總管有賀婁子幹、杜彥、而賀婁以曉習邊事稱、

隋書子幹傳、高祖以子幹曉習邊事、授榆關總管、十鎭諸軍、歲餘拜雲州刺史、甚爲虜所憚、母憂去職、期廷以榆關重鎭、非子幹不可、尋起視事、十四年以病卒官、　又彥傳、雲州總管賀婁子幹卒、上悼惜者久之、因詔侍臣曰、榆林國之重鎭、安得子幹之輩乎、後數日、上曰、鎭榆林者莫過杜彥、於是徵拜

雲州總管、突厥來寇、彥徹擒斬之、北夷畏憚、胡馬不敢至塞、後拜朔州總管、突厥復寇雲州、以彥爲突厥所憚、復拜雲州總管、未幾、以疾徵還、卒、

榆林太守董純屢郤突厥云

隋書純傳、大業初出爲汶山太守、歲餘、突厥寇邊、朝廷以純宿將、轉榆林太守、虜至境、輒擊郤之、

隋末朔方人梁師都據夏州、蒲城人郭子和據榆林、

舊唐書師都傳、朔方人、仕隋鷹揚府郎將、大業末罷歸、結徒起爲盜、殺郡丞、自稱大丞相、聯兵突厥、因略定雕陰弘化延安、自爲梁國、僭皇帝位、建元永隆、始畢可汗遺以狼頭纛、號大度毗伽可汗、解事天子、遂導突厥兵居河南地、拔鹽川郡、又高祖紀、武德三年秋七月、梁師都導突厥稽胡寇邊、行軍總管段德操敗之、又傳、師都遣尚書陸季覽說處羅可汗曰、隋亡、中國裂爲四五、勢均力弱、皆爭附突厥、今唐滅劉武周、國益大、兵方四出、師都將朝夕亡、

然次亦及突厥、顧可汗如魏孝文、引兵而南、師都請爲鄉導、處羅納之、令莫賀咄設入五原、泥步設與師都趨延州、又爲德操所敗、武德六年四月、師都將賀遂、索周以所部十二州降、德操悉兵攻之、拔東城、師都保西城、不敢出、求救於突厥頡利、頡利以精兵萬騎赴之、先是稽胡大帥劉屳成以衆赴師都、因讒見殺、其下疑懼、乃多叛、師都日益蹙、遂往朝頡利、教使南略、故突厥盜邊無甯歲、師都時據夏州、貞觀二年四月、太宗以師都寖危、乃諭以書、使歸、不從、詔夏州長史劉旻、司馬劉蘭經略之、有得其生口者、輒縱遣、令爲反間、離其君臣之計、頻選輕騎、踐其禾稼、有李正寶、辛獠兒者、皆其名將、謀執師都、事洩來降、太宗遣右衛大將軍柴紹、殿中少監薛萬均擊之、又使劉旻、劉蘭、率勁卒直據朔方東城以逼之、頡利可汗、遣兵來援師都、紹逆擊破之、進屯城下、師都兵勢日蹙、其從父弟洛仁、斬師都詣紹降、以其地爲夏州、

唐書郭子和傳、子和同州蒲城人、爲隋左翊衛、以罪徙榆林、大業末、子和與

死士十八人執丞王才斬之、自號永樂王、建元丑平、號其父爲太公、以弟子政爲尙書令、子端子升爲左右僕射、有騎兵二千、武德元年獻款、授靈州總管金河郡公、

唐朔方節度使

唐書百官志、節度使掌總軍旅、顓誅殺、武德初、邊要之地置總管、七年改總管曰都督、總十州者、爲大都督、又兼刺史、而不檢校州事、其後都督加使持節、則爲將、諸將亦通以都督稱、惟朔方稱大總管、邊州別置經略使、沃衍有屯田之州置營田使、安祿山反後、諸郡當賊衝者、置防禦守捉使、乾元元年置團練守捉使、建中後行營亦置節度使、防禦使、都團練使、皆兼所治州刺史、而唐初朔方沿隋制置總管、太宗時有李勣、高宗時有論弓仁、武后天授初有薛懷義、契苾明、中宗景龍時有張仁愿、解琬、景雲初有唐休璟、先天初有郭元振、玄宗開元初有韋抗、方鎭表、以朔方軍節度使、始於開元九年、領單于大都護府、夏鹽

綏銀豐勝六州、定遠豐安二軍、東中西三受降城、代宗大歷十四年、析置河中振武邠寧三節度、朔方所領、靈鹽夏豐四州、西受降城、定遠天德二軍、德宗貞元十二年、朔方節度使罷領豐州及西降城、天德軍、以振武之東中受降城隸天德軍、領豐會二州、三受降城、而玄宗時朔方節度有王晙、韋光乘、張懷欽見寶刻叢編李林甫、代宗時有渾日進、路嗣恭、德宗時有李懷光、戴休顏、惟王忠嗣、郭子儀、李欒等有名、

唐書王忠嗣傳、開元二十九年、代韋光乘爲朔方節度使、天寶四載、兼河東節度採訪使、自朔方至雲中、緣邊數千里、當要害地、開拓舊城、或自創制、斥地各數百里、自張仁亶之後、四十餘年、忠嗣繼之、北塞之人始罷戰矣、

玄宗紀十四載十一月、以郭子儀爲靈武太守、朔方節度使、　德宗紀貞元十一年、以朔方留後李欒爲靈州大都督府長史、朔方靈鹽豐夏四州受降定遠城天德軍節度副大使、知節度事、管內度支營田觀察押蕃落等使、

夏州節度使

方鎮表、德宗貞元三年、置夏州節度觀察處置押蕃落使、領綏鹽二州、後罷領鹽州、憲宗元和九年、夏州增領宥州、文宗開成三年、增領採造軍器銀州監牧使、宣宗大中十年、增領撫平夏党項等使、僖宗中和二年、賜號靖難軍節度、其節度使有名者、德宗時有韓潭、韓全義、憲宗時有李愿、張煦、田進、李聽、傅良弼、文宗時有李寰、董重質、劉源、武宗時有朮賢、宣宗時有畢諴、鄭助、田在賓、僖宗時有諸葛爽、而李演、張丞金、李祐、鄭畋、最知名、

憲宗紀、永貞元年十月、以李演爲夏州刺史、夏綏銀等州節度使、又紀元和元年二月、夏州留後楊惠琳據城叛、詔發河東天德兵誅之、辛巳、夏州兵馬使張承金斬惠琳傳首以獻、　穆宗紀、元和十五年、以李祐兼夏州刺史充夏綏銀宥節度使、代李聽、長慶元年正月、夏州奏淅東湖南等道防秋兵不習邊事、請留其兵甲歸其人、敬宗紀、長慶四年三月、李祐奏於塞外築烏延

宥州、臨塞、陰河、陶子等五城、以備蕃寇、又以党項爲盜於蘆子關北、木瓜嶺、築壘以扼其衝、　僖宗紀中和元年、鳳翔節度使鄭畋與夏州節度使拓拔思恭等同盟起兵傳檄天下、敗黃巢大將林言尙讓於龍尾坡、

振武軍節度使

方鎭表、肅宗乾元元年、置振武節度押蕃落使、領鎭北大都護府、麟勝二州、代宗廣德二年、罷河中振武節度使、以所管七州、隸朔北大歷十四載、析置河中振武邠寧三節度、振武節度復領鎭北大都護府、及綏銀二州、東中二受降城、德宗貞元十二年、以振武之東中二受降城、隸天德軍、以天德軍置都團練防禦使、領豐會二州、三受降城、武宗會昌二年、天德軍賜號歸義軍節度使、唐書德宗時、有王栩、唐朝臣、范希朝、閻巨源、憲宗時有李進賢、胡證、高霞寓、懿宗時有盧簡方、而渾瑊等所至有聲、

憲宗紀、大曆十四年閏月、以朔方左留後單于副都護渾瑊爲單于大都護、

未幾卒、 通鑑續編金振武軍東中二受降城鎭北及綏銀勝麟等軍州節度營田使、 憲宗紀元和五年、以顏光進爲單于大都護振武麟勝節度度支營田觀察押蕃落等使、六年、阿跌光進賜姓李氏、 又紀九年、張煦入單于都護府誅作亂軍士蘇國珍等二百五十二人、貶前節度使李進賢爲通州刺史 穆宗紀元和十五年正月、以右神策大將軍張維清爲單于大都護、充振武麟勝節度使、敬宗寶歷元年、維清以東受降城濱河歲久、雉堞摧壞、乃移置於綏遠峯南、及是功成、 文宗紀太和元年、以李詠爲單于都護充振武麟勝節度使、六年九月、詠招收黑山外契苾部落四百七十三帳、

唐豐州都督刺史

唐豐州與西受降城鄰、當回鶻之衝、屯田殖穀、爲邊備重地、德宗時、刺史有任迪簡、憲宗時、有燕重旰、李奉仙、駱怡、穆宗時、有李進誠、李岾、文宗時、有渾鐬、李逵、僖宗時、有蔡行、李璫、今考史大奈、崔智辨、李景略、特以能名、

唐書史大奈傳、本西突厥特勒也、貞觀初檢校豐州都督、封竇國公、 舊唐書高宗紀、永淳二年五月、突厥寇蔚州、殺刺史李思儉、豐州都督崔智辨、率師出朝那山掩擊之、 德宗紀、貞元十二年、以李景略爲豐州刺史、天德軍豐州、西受降城、都防禦使、

五代定難軍節度使

唐僖宗時、賜夏州節度使爲定難軍、其後李仁福據之、至子彝殷入宋、三傳而李繼捧入朝、賜姓名趙保吉、其弟繼遷復以夏州叛、子德明、僭號國曰大夏、由西平府遷興州、凡二百五十八年、元滅之、

五代 宋 府州刺史

宋史職官志、要郡文臣一員、帶本路兵馬鈐轄、武臣一員、充副鈐轄、次要郡文臣一員、帶本路兵馬都監、武臣一員、充副都監、自五代至宋、府麟二州爲西夏兵爭之地、與河套事少涉、麟州事故不列入、府州折氏自五代保障邊疆、庇蔭

居民、拒契丹於河纏、免流亡於絕塞、西夏東爭、防戰尤力、宋史謂折氏據府谷、與李彝興居夏州、初無以異、而自從阮以下、繼生名將、世篤忠貞、西北之捍、無負於宋、可謂知言、彥質勤王汴京、未伸壯略、南渡不國、浮沉樞府、可福孤軍、無援蒙面敵庭、百年節鉞、編氓同伍、然以一隅彈丸之地、荷累朝帶礪之盟、家鄉衣錦、桑梓蒙庥、以視梁晋諸朝、朝竊神器、暮遭夷滅、貽羞青史、徒禍人國、其賢不肖爲何如哉、今錄折嗣倫、折從阮等五人、知折氏守府州之事實焉、

五代史、嗣倫祖華、魏後本雲中人、其上代自李唐武德時任府谷鎮遏使、嗣倫唐末爲麟州刺史、愛民如子、時有趙宣子郭伋之譽、　舊五代史從阮傳、子可及父嗣倫、麟州刺史、同光（後唐莊宗）中、授府州刺史、晋高祖時、契丹欲盡徙河東之民、以實遼東、人心大擾、從阮保險拒之、晋少帝嗣位、北邊絕好、令從阮出師、率兵深入邊界、連拔十餘砦、開運初、領朔州刺史、安北都護、振武軍節度使、漢祖建號晋陽、升府州爲永安軍、析振武之勝州、並沿河鎭隸焉、

宋史德扆傳、父從阮、自晋漢以來、獨據府州、控扼西北、中國賴之、周世宗建府州爲永安軍、以德扆爲節度使、乾德宋太祖三年、卒、以子御勳權知府州事、太平興國二年卒、先是御勳徙鎭泰甯軍節度使、弟御卿知府州、年三十八卒、子惟正知州事、惟正歸朝、以其弟張昌繼之、大中祥符七年、卒、其弟惟忠繼知府州、卒、子繼宣嗣知州事、寶元仁宗中、坐苛虐掊刻、紬爲楚州都監、擢其弟繼閔嗣州事、皇祐仁宗二年、卒、弟繼祖嗣州事、卒、請以兄子克柔襲州事、詔從之、從子克行以葭蘆川戰功、擢知府州、在邊三十年、善拊士卒、戰功最多羌人呼爲折家父、卒、子可大知府州、從子可適、可適子彥質、　綱目金人犯城、京師戒嚴、折彥質爲府州帥、與姚古种師中、各以兵勤王、凡十餘萬人、至汴城下、而斡離不已退、李綱請詔古等追之、三省乃令護送出之、勿輕動、以啓釁、時政令矛盾、故迄無成功、高宗紹興六年二月、以彥質簽書樞密院事、十二月、張浚還自鎭江、彥質與趙鼎請帝回蹕臨安、與浚策相左、彥質尋罷、未幾卒、　通鑑續編金人破延安、自綏德渡河、圍晉寧今葭州知軍事徐徽言、約可求出兵夾攻金人、婁聞之、執可求子彥文、爲書招可求、可求遂以所屬麟府豐三州降金、

遼天德軍節度使　豐州 金肅州 刺史

遼史地理志、太祖平党項、遂破天德、盡掠吏民以東、後置招討司、漸成井邑、乃以國族爲天德軍節度使、任職者、有宋瑤、有頽刺、有耶律寧、先鐸軫、楊佶、惟蕭太見宋史太宗紀、豐州刺史有閻貴、金肅州刺史有耶律獨攧、高家奴、遼史太祖紀、神冊五年、略地天德、節度使宋瑤降、更其軍曰應天、宋瑤復叛、拔其城、禽瑤、俘其家屬、徙其民於陰山南、全祖望復王敬朗帖子、天德陷遼蓋在莊宗幷梁之前一年也、

金天德軍節度使　東勝州刺史

金史兵志、諸路各設兵馬都總管府、州鎮置節度使、又地志、皇統熙宗九年、升天

德總管府、置西南路招討司、以天德尹兼之、大定元年、降天德軍節度使、兼豐州管內觀察使、金初以天德軍爲西南路招討司、耶律懷義治績昭著、其後改軍、有骨赧、訛古乃思、石抹諸人、而郭企忠、世守其地、蓋自李唐失馭、九有分崩、五代十國、割據爭雄者、前仆後起、河曲一域、負朔方之險、扼西北之要、二李折郭、分鎭四隅、然其時振武朱邪、憑陵於汴洛、平夏拓拔、縱橫於興靈、府谷折氏、介兩大之間、當東西之衝、地小回旋、僅以自保、惟天德一軍、懸絕漠南、郭氏以重臣後裔、膺彼屏藩、自唐季五代以迄遼金、節樓世守、舊物不失、類尉佗之長南越、同武靈之服騎射、雖貲閥閱、必具勳勞、而史冊缺略、邊功無聞、元初郭寶玉父子、由金入仕、馳驅西域、大張撻伐、地中之海、富浪之國、枕席行師、無抗顏行、疑其家世出自天德、嫺習塞俗、故偉烈豐功、一幟獨樹、然亦可知金主中原、漠視邊陲、郭氏降後、守天德者未有聞人、宜其後汪古部落引敵南下、金源於以不祀也、東勝州刺史有粱襄、烏古論仲溫、而伯德窊哥守城致命、有勁草疾

風之烈焉、

金史耶律懷義傳、初宗翰幹魯經略西方、懷義領謀克從軍、天會初帥府以新降諸部、大小遠近不一、令懷義易置之、承制以爲西南路招討使、乃擇諸部衝要之地、建成市通商賈、諸部兵革之餘、人多匱乏、自是衣食歲給、蓄牧蕃息矣、　又郭企忠傳、唐汾陽王後、自子儀至承勳、皆節鎭北方、唐季承勳入遼、子孫繼爲天德軍節度、至昌金降爲副使、天輔太祖中、大軍至雲中、企忠來降、軍帥命同勾當天德軍節度使事、天會太宗六年、遷本軍節度使事、　梁襄傳、絳州人、大定世宗三年進士、邠州淳化令、有善政、歷東勝州刺史、練習典故、　忠義傳、烏古論仲溫、大定二十五年進士、累官東勝州刺史、　宣宗紀、興定三年、元兵徇東勝州、節度使伯德窊哥死之、忠義傳、元兵克西南路、鄰郡皆降、窊哥獨不屈、貞祐五年、東勝州已破、窊哥招集義兵、披荊棘、復立州事、興定三年、眞受東勝州節度使、旋被圍、率衆潰走、九月復被圍、窊哥死之、

明代河套寇邊始末

明代河套之患、以明史考之、起於英宗、天順五年、其後犯邊、東則皇甫川、西則定邊營、而榆林塞內、刼掠尤夥、楊一淸曾銑、深識偉論、欲復套地、言旣不行、身或誅戮、甚矣、庸君之朝、不可與言大計也、余子俊邊牆之築、權宜一時、而明人恃爲險阻、乘障自閉、朔方千里、遂棄化外、宋明國勢不振、其兵力不能入新秦一步、古今人不相及、信哉、惟成化九年、王越紅鹽池一戰、潛師深入、搜其巢穴、爲一時烜赫之舉、然豈足語掃龍庭絕大漠之烈哉、故套酋犯塞、撮其大略見一時之失計、延榆總制各官、專以備套、非套內設官、概不列入、楊曾復套之策、關係大勢、節其大略、亦以見當時膺疆者、未嘗無人也、今以入寇始末附錄於後、

明天順六年正月、毛里孩（即茂里海）入河套、（明史）

成化元年九月、斡羅出、（即鄂爾綽光）等入榆林塞、都御史項忠等却之、（世法錄）

二年五月、套虜二萬、分五路入延綏境、以彰武伯楊信禦之、世法錄

三年、套人入寇延綏孤山堡、守將湯引積力戰死之、延綏鎮志

四年、𠮷加思蘭即沙爾斯蘭嘉阿殺斡羅出併其衆結滿都魯入河套、十二月寇榆林、世法錄

五年、孛羅忽即博勒呼𠮷加思蘭寇延寧、延綏鎮志

六年七月、斡羅出入榆林、平虜將軍朱永敗之、閏九月、置榆林衛、楊江河套考

八年五月、以趙輔佩平虜將軍印、充總兵官、統制諸路軍馬、以余子俊爲副都御史、巡撫延綏、十月、虜入延綏鎮靖堡、殺千戶黃琮、執夜不收以去、世法錄

九年、延綏徙鎮榆林、九月、左都御史王越襲破虜營於紅鹽池、世法錄

十年閏六月、築邊牆、東至清水營紫城砦、西至甯夏花馬池營、東西長一千七百七十三里、一百二十三步、護壕牆崖砦八百十九坐、守壕烽墩七十八坐、邊墩十五坐、楊江河套考

十五年、滿都魯侵榆林塞、

弘治十二年十月、火篩入榆林塞、延綏鎮志

十三年七月、火篩入榆林塞、征虜大將軍朱暉、提督軍務史琳、從紅城子墩出塞、夜搗虜巢、虜北遁、十二月、火篩復入套、延綏鎮志

十六年、套虜入榆林塞、千戶湯璽力戰死之、延綏鎮志

十七年、火篩入套、總兵張安遣將追於黃河岸、勝之、延綏鎮志

正德元年、楊一清總制邊務、請守東勝、復河套、不報、明史

嘉靖元年、套虜大舉入寇、殺掠西安之邠州、鳳翔之隴州、續文獻通考

八年十月、吉囊即濟農俺答寇榆林、總督王瓊却之、時吉囊分套地、紀事本末

十一年、吉囊犯榆林、紀事本末

十三年七月、吉囊入榆林塞、遊擊梁震、敗之於定邊、延綏鎮志

十四年六月八月、吉囊連入榆林塞、梁震敗之、延綏鎮志

十五年秋、虜入延綏、官兵敗之、世法錄
十八年十二月、虜入榆林塞、殺守將宋隆、延綏鎮志
十九年三月、虜入榆林塞、總兵官周尙文擊之、秋吉囊由延綏西路定邊營入寇、總制劉天和斬獲甚衆、吉囊子號小十王者殲焉、延綏鎮志
二十二年、虜三萬犯延綏、游擊張鵬禦之、世法錄
二十四年七月、虜二萬餘騎入寇、掠圜林驛岔洛川等處、王惟楨核邊記
二十五年八月、虜三萬餘人自甯塞營入寇、越延安至三原涇陽、殺掠人畜無算、總督三邊曾銑請復河套、條陳八議、世法錄
二十六年、曾銑復上復套方略十八事、下兵部議、不行、楊江河套考
二十七年三月、總督曾銑棄市、明史
三十三年、虜犯高家堡、副總兵李梅死之、延綏鎮志
三十四年、吉囊犯塞、至府谷、參將楊璘死之、延綏鎮志

三十六年、都鑾兒犯榆林、副總兵陳鳳死之、延綏鎮志

四十年四月、虜犯鎮靖堡、十一月、犯榆林、至米脂、守備謝世勳戰死、延綏鎮志

四十二年七月、虜陷黃甫川堡、把總高秉鈞死之、延綏鎮志

四十四年正月、虜入塞、總兵趙嵐敗之於榆林邊外、延綏鎮志

四十五年六月、虜陷筆架城、七月、薄安塞縣城、八月、入甜水等堡、總兵郭江戰死、世法錄

隆慶元年正月、虜寇小芹河墩、二月、攻清平堡、三月、攻康家塞、入榆科澗常樂堡、世法錄

萬曆四十三年閏八月、吉囊入犯大栢油堡、中軍劉聚等死之、延綏鎮志

四十四七月、沙計寇高家堡、都司僉書王國安死之、延綏鎮志

天啓二年九月、虜寇延安至鄜州、延綏鎮志

崇禎五年三月、套虜以三百騎近塞、稱插罕卽察哈爾求款、曹文詔擊之、明史略

六年插罕自高家堡入犯、至石窰溝、九月入延安至鄜州、套部爲插罕所逼、火落太及古魯部來降、延綏鎮志

明楊一淸修邊疏、明史一淸傳、武宗初、總制三鎮軍務、尋進右都御史、建議修邊、其略曰、防邊之策、大要有四、修濬牆塹、以固邊防、增設衛所、以壯邊兵、經理靈夏、以安內附、整飭韋州、以遏外侵、今河套卽古朔方、漢定襄、赫連勃勃統萬城也、唐張仁愿築三受降城、置烽堠千八百所、突厥不敢踰山牧馬、古之舉大事者、未嘗不勞於先、逸於後、夫受降據三面險、當千里之蔽、國初舍受降而衛東勝、已失一面之險、其後又輟東勝以就延綏、則以一面而遮千餘里之衝、遂使河套沃壤爲寇巢穴、深山大河、勢乃在彼、而甯夏外險、反南備河、此邊患所以相尋而不可解也、誠宜復守東勝、因河爲固、東接大同、西屬甯夏、使河套千里之地、歸我耕牧、屯田數百萬畝、省內地轉輸、策之上也、如或不能、及今增築防邊、敵來有以待之、猶愈無策、因條具便宜、延綏安

邊營、石澇池至橫城、三百里、宜設墩臺九百座、暖譙九百間、守軍四千五百人、石澇池至定邊營、百六十三里、平衍宜牆者百三十一里、險厓峻阜可劃削者、三十二里、宜爲墩臺、連接甯夏東路、花馬池無險、敵至仰客兵、宜置衛興武營守禦所、兵不足、宜召募、自環慶以西至寧州、宜增兵備一人、橫城以北黃河南岸、有墩三十六、宜修復、帝可其議、大發帑金數十萬、使一清築牆。而劉瑾憾一清不附己、一清遂引疾歸、其成者在要害間、僅四十里、瑾誣一清冒破邊費、逮下錦衣獄、大學士李東陽、王鏊力救、得解、仍致仕歸、先後罰米六百石

明曾銑復河套疏、明史曾銑傳、嘉靖二十五年夏、以原官兵部侍郎總督陝西三邊軍務、念寇居河套久、爲中國患、上疏曰、賊據河套、侵擾邊鄙將百年、孝宗欲復而不能、武宗欲征而不果、使吉囊據爲巢穴、出套則寇宣大以震畿輔入套則寇延甯甘固以擾關中、深山大河、勢顧在彼、而不在我、封疆之臣、曾

無有以收復爲陛下言者、蓋軍興重務也、小有挫失、媒孽踵至、鼎鑊刀鋸、面背森然、臣非不知兵凶戰危、而枕戈汗馬、切齒痛心有日矣、竊嘗計之、秋高馬肥、弓矢勁利、彼聚而攻、我散而守、則彼勝、冬深水枯、馬無宿槁、春寒陰雨、壤無燥土、彼勢漸弱、我乘其弊、則中國勝、臣請以銳卒六萬、益以山東鎗手二千、每當春夏交、攜五十日餉、水陸交進、直搗其巢、材官騶發、礮火雷激、則寇不能支、此一勞永逸之計、萬世社稷所賴也、遂條八議以進、疏并下兵部、部臣難之、請令諸鎭文武將吏協議、詔予修邊費二十萬、銑乃益銳、合延綏諸巡撫、條上方略十八事、並優旨下廷議、廷臣見上意向銑、一如銑言、帝忽出手詔諭輔臣曰、今逐套賊、師果有名否、兵食果有餘、成功可必否、一銑何足惜、如生民荼毒何、嚴嵩因代鸞（仇鸞時爲銑所劾逮問獄中）獄中草疏、誣銑掩敗不奏、剋軍餉鉅萬、銑至卽日行刑、

清鄂爾多斯七旂王公

清通考、明嘉靖中、元裔岱顏、（即達延）汗之子賽因那蘭、有子九人、長曰濟農、（即吉囊）自套西擊破火篩、居套中、自稱車臣克汗、子七人、分有套地、是爲鄂爾多斯、屬於察哈爾、清初平察哈爾、其濟農琳沁於天聰、九年（明崇禎八年）來歸、仍賜濟農之號、令招集諸部落、順治六年、編爲六旗、雍正九年、又增設一旗、共七旗、

左翼中旗	多羅郡王	輔國公	札薩克二	協理台吉二	都統一
左翼前旗	固山貝子		同上	同上	同上
左翼後旗	多羅貝勒		同上	同上	同上
右翼中旗	多羅郡王		同上	同上	同上
右翼前旗	固山貝子		同上	同上	同上
右翼後旗	固山貝子		同上	同上	同上
右翼前末旗	一等台吉		同上	同上	同上

副都統二	參領二	佐領二	驍騎校無定額
同上	同上	同上	同上
同上	同上	同上	同上
同上	同上	同上	同上
同上	同上	同上	同上
同上	同上	同上	同上
同上	同上	同上	同上

河套圖志卷四

屯墾第四

富平張鵬一扶萬編

河自塞外積石、東入内地、過漢郡二十有三、行九千四百餘里、東入於海、北方巨浸、莫於京焉、然黎陽以下、無舟楫灌溉之利、而横決害甚、兼其利者、實惟河套、甯夏諸渠、抑其次也、漢唐都關中、沃野千里、朔方屯墾、即其一也、然今套地、惟打拉特抗錦兩旂、號爲膏腴、套内則準噶爾扎薩郡王五勝等五旂半皆沙漠、土人謂之沙梁裏、以其界接陜之北邊、故府神榆横六縣居民、以地勢毗連、耕墾較易、往往擇地引流、爲餬口計、稽之史籍、實秦漢上郡西河高望白土各縣疆域、詳見沿革卷内、非河外五原朔方比也、而世概以蒙地目之、誤矣、今以兩漢考之、漢初攘匈奴、於上郡西河朔方河西開田官、斥塞卒六十萬戍田之、

漢書食貨志、初置張掖酒泉郡、元鼎五年、上郡朔方西河河西開田官、斥塞卒六十萬戍田之、注師古曰開田始開屯田也以開田之官廣塞之卒戍而田也 匈奴傳、匈奴遠遁、幕南

無王庭、漢度河、自朔方以西、至令居、往往通渠置田官、吏卒五六萬人、稍蠶食、地接匈奴以北、

蓋漢代募民實邊、倡始家令、然窮荒遠適、常情所難、貸粟縣官、費又不貲、故武帝開西域、城朔方、守邊養士、多貲屯戍、朔方逼近匈奴、常戍不足、又有七科之謫、勇敢之發、戍卒出自田間、墾土殖穀、用其所長、肥饒廣衍、收穫倍積、故衛青七出幕南、去病六擊匈奴、萬騎雲屯、無憂供億、其事大抵以農都尉、北假田官督之、

武帝紀、天漢四年、發勇敢士出朔方、　王莽傳、三年、遣尚書大夫趙並、使勞北邊、還言五原北假、膏壤殖穀、注師古曰北假地名 異時常置田官、乃以並爲田禾將軍、發戍卒屯田北假、以助軍糧、

朔方渠利、亦始漢代、當南河北河之間、因河轉漕、見虞詡一疏、漢代船運、又開後世之先矣、

後書西羌傳、順帝永建四年、尙書僕射虞詡上疏言、雍州沃野千里、又有龜茲（上郡縣名）鹽池、以爲民利、水草豐美、土宜產牧、牛馬銜尾、羣羊塞道、北阻山河、乘阨據險、因渠以溉、水春河漕、用功省少、而軍糧饒足、故孝武光武、築朔方、開西河、置上郡、皆爲此也、

漢末戎夷充斥、五原朔方郡縣邱墟、至北魏時、五原屯田、又有元儀渠利之興於六鎭者、當在沃野間矣、

魏書太祖紀、登國九年春三月、使東平公元儀、屯田於河北五原、至於稒陽塞外、 孝文帝紀、十二年、詔六鎭雲中河西及關內六郡、各修水田、通渠溉灌、

隋唐豐州、漢朔方郡地也、領永豐九原二縣、唐又置天德一軍、受降西城、當囘鶻塞道之衝、豐州屯田、婁（師德）唐（休璟）李（景略）盧坦最有名、咸應永淸陵陽三渠、灌田數百頃至四千八百頃之多、歲收穀四千餘萬斛、邊防永賴、士馬飽騰、自來經

營塞北、未能與之京也、
舊唐書婁師德傳、天授初、授左金吾將軍、兼檢校豐州都督、依舊知營田使、則天降書勞曰、自卿受委北陲、總司軍任、往還靈夏、檢校屯田、收率既多、京坻遽積、不煩和糴之費、無復轉輸之艱、兩軍及北鎮兵數年咸得支給、勤勞之誠、久而彌著、　唐休璟傳、調露中以斬獲奚羯胡、超拜豐州司馬、永淳中突厥圍豐州、都督崔辨智戰沒、朝議欲罷豐州、休璟上書曰、豐州控河遏賊實爲襟帶、秦漢已來、列爲郡縣、田疇良美、尤宜耕牧、隋季喪亂、不能堅守、乃遷徙百姓就寧慶二州、貞觀之末、始募人以實之、西北一隅方得寧謐、今若廢棄、則河傍之地、復爲賊有、非國家之利也、朝廷從其言、豐州復存、又李景略傳、爲豐州刺史、兼御史大夫天德軍西受降城都防禦使、迫塞苦寒、土地鹵瘠、俗貧難處、景略節用約己、與士同甘苦、將卒安之、鑿咸應永清二渠、溉田數百頃、公私利焉、　唐書地志、豐州九原縣、永徽四年置、有陵陽

渠、建中三年浚之以溉田置屯、尋棄之、貞元中、刺史李景略開溉田數百頃、

憲宗紀、元和七年、李絳奏振武天德左右良田可萬頃、請擇能吏開置營田可以省費足食上從之、絳命度支使盧坦經度用四年之間開田四千八百頃、收穀四千餘萬斛、歲省度支錢二十餘萬緡、邊防賴之、

趙宋不競、麟府以北、悉入西夏天德一隅、遼金迭據、其藉邊穀以養軍士、仍舊可知、

明初守東勝、跨河北、以衛套中、其後虜入套地、爲患西陲、觀楊琚楊一清諸疏所陳、棄膏壤爲荒穢、漢唐屯戍列障之盛、自是不復覩矣、

明九邊考、正統間、失東勝城、退守黃河、套中膏腴之地、令民屯種以省邊糧、

楊琚移堡防邊疏、河套屢爲邊患、近有百戶朱長年七十餘、自幼熟游河套、親與臣言、套中地廣田腴、亦有鹽池海子、葭州等民多出墩外種食、楊一清修理邊牆疏曰、復守東勝、因河爲固、東接大同、西接甯夏、使河套方千

里之地、歸我耕牧、開屯田數百里、用省內運、延綏甯夏一帶邊防、設法整頓、賊來有以待之、我得休養生息、東勝之地、未必終不可復也、

清帝入關、套酋歸順、列爲屬藩、諸旂款貢、服教畏威、內地編氓入套地方輸租開墾、視同世業、套內迤南之地、本舊西河上郡各縣故封、明築邊牆、視同甌脫、及改設縣治、土地瘠隘、不足自贍、伙盤界石日擴日遠、計府神榆橫定靖六縣邊外伙盤地界、東至府谷禮字地、與山西河曲縣義字地接壤、西至定邊縣、五虎洞、與甘肅鹽池縣邊外接壤、北至準噶爾郡王扎薩克五勝鄂套等旂牧地暨東勝縣糧地、南至榆橫等縣邊牆、東西廣一千三百餘里、南北袤五十里或百餘里二百餘里不等、除明沙鹼灘外、已墾熟地一百四十二萬七千七百五十一畝、一千九百四十二村、居民一萬六千一百餘戶、境內草路東達歸綏、西達靈夏、自康熙乾隆以至清季、漢蒙大員畫邊外地、自五十里推至新墾、二百里而遙、爲榆林各屬民人耕種之區、雖曰口外邊地、實榆邊界石屯田畫疆編

戶、正今日經界之要務也、

明劉寬榆鎭形勢論、余子俊撫延綏、築邊牆二千里、創榆林衛、淸釐陝人有伍籍詭落及罪徙謫者、實之、擇其才子弟、建學立師教之、又開界石外地、興屯田、得糧數萬石、自是榆爲重鎭、懷遠縣志、邊外五十里原爲中國禁留之地、康熙二十一年、貝勒達爾奏乞近邊四十里之外、准其遊牧、三十六年、貝勒松拉普奏請、准與內地民人合夥種地、開邊之由自此、五十八年、命侍郎拉都渾、以三十里立界、界內之地、准民租種、每牛一犋、准蒙古收取內地租糜子五斗、至雍正八年、仍以五十里定界、命附近地方官折徵糧草、十年、鄂爾多斯荒歉、復准蒙古情願招民人越界種地、收租取利者、聽其自便、從此內地民人以口外種地爲恆產、蒙古亦資地租爲養贍、乾隆八年、命總督慶復、尚書班第、臨邊定議、永遠章程、無論界內界外、俱以舊年種熟之地五十里爲界、任民耕種、界內者照舊租不加、其界外者每一牛犋用二牛之力以耕一日者爲一晌地用二牛之力耕一年者爲一犋除舊租子一石銀壹兩之外、再加糜子五斗、銀五錢、設神木理事同知一員、專司稽查牛犋及一切鬭毆逃盜雀爭等事同彝漢部郎、輪流巡查、就近辦理完結、又每堡各設總甲一名、盤頭四名、令其不時稽查、稟報一切事件、由是而事有專責、中外人民、無紛更滋擾之患、道光十七年、復於牌界以內地畝、報招內地民人租種、每犋每年租銀五錢、糜子五斗、獲利更多、蒙漢兩利、如有負租者、官爲嚴追、援遠年債務、一本一利之例、速爲了結、邊外所謂伙盤者、民人出口種地、春出冬歸、暫時伙聚盤居之名、猶內地之村莊也、今則二百年來、所墾逾廣、距邊逾遠、生聚於斯、漸忘主客矣、所謂黑界者、定例五十里壘築石堆、或土堆、以限之、謂黑界者、不耕之地、其色黑也、牌界者、每堆有牌編號、地蒙員收掌、查界則植杆挂之也、 近査府谷界地、東臨山西河曲、距縣城十五里、西接神木牸牛川、北連準噶爾牧地、與東勝縣糧地、南即邊牆、東西長一百七十餘里、南北寬五十里至七十餘里不等、總計四百七十八村、居民四千九百八十二戶、已墾山地川地三十七萬四千四百三十五畝、物產以米穀高粱爲最夥、煤礦之富、所在皆是、惜運售多艱、天然利權均置之不理耳、其境內有黑界十里、係光緒三十一年領照認墾、歲租由縣代徵、每年約收一千六百餘兩、　神木縣伙盤地界址、東至府谷交界孫家梁、東南雙栢樹梁、西至楡林屬大寶當、巴子梁、西南塌土墩、東西寬二百五十餘里、北至東勝縣粮地、與郡王旂牧地、西北扎薩五勝兩旂交界之東萬壽地、南至邊牆、計長百里至百五十里不等、總計四百零二村、二千九百五十二戶、已墾灘地沙地山地、共計二十四萬六千九百五十八畝、但地質磽瘠、不能按年耕種耳、又有插花地二處、一名通哈朗都喀兔、距縣地二百三十里、南北長七十里、東西寬十里至二十里不等、居民三百餘戶、地六萬八千畝、西鄰五勝旂、南接扎薩境、東連郡王地、係宣統二年、五勝旂蒙人聚衆焚燒神木商人呂萬有等財產、經綏陝兩方派員公議、按六成賠償賣通哈朗都喀兔之地以與神民、一名三里界距縣城一百八十餘里、東西五十餘里、南北長三里、居民二百戶、地四萬餘畝、北界扎薩旂營盤、地東鄰郡王旂、打爾哈牧場、西連東萬壽地、南至東勝縣八里、界粮地該兩處訴訟在神木、對於公攤款等亦與內地負擔無異、 神木縣志邊外屬地、東起永興堡邊外、西迄高家堡邊外、延袤二百五十餘里、近十年中、蒙旗屢次展界、疆域之廣數倍於昔、光緒二十九年、經前督墾大臣貽穀、奏明至活機兒兔溝南畔已墾之地、仍歸陝西各州縣分管、而神木屬地、始有定界、東至郡王旗牸牛川西石板而秦、東南大榆樹梁、與府谷邊外屬地交界距縣城一百四十里、至北活機兔溝南畔、與東勝縣轄地交界、距縣城一百四十里、東北至郡王旗雙兒廟迤東北偏北石圪臺地方、與東勝縣境交界、距縣一百六十里、西北至阿包兔與東勝縣境交界、距縣一百八十里、東西相距一百五十里、南北相距一百四十里、面積約二萬一千餘方里、 懷遠縣志縣東北五勝旂界、東南自縣屬五台廒起、西北至縣之阿包朶當、計一百八十里、與鄂套旂接、東北自縣屬廟坬上起、西南至縣屬唐馬窰、計一百二十里、與鄂套旂接、正東自縣屬許家沙畔起、正西至縣屬天池海子、計一百二十里、與定邊縣蒙地接、正北自榆林縣阿刀兒兔起、正南至縣屬鴿子灘、計一百七十里、與鄂套旂接、縣西北鄂套旂界東南自縣屬姬家峁起、西北至縣屬猪拉兔、計一百七十里、與定邊縣蒙地接、東北自五勝旂衣當灣起、西南至縣屬熊子梁、計一百二十里、與定邊縣邊牆接、正東自五勝旂塘馬窰起、正西至縣屬牌子灘、計八十里、與定邊蒙地接、正北自五勝旂胡拉梁起正南至縣屬邊牆壕、計一百四十里、與邊牆內地孤山澗接、　靖邊縣志、龍門、鎮定、鎮羅、新城、甯寨五堡、共二百七十六村二千一百十戶、共種蒙地五萬六千四百九十一晌、合三十三萬一千六百餘畝、共納租銀三百七十兩零甯條梁四十六戶、共納租銀三十五兩八錢、舊家院三十六坐、共納門面租銀十三兩二錢、光緒中、知縣、丁錫奎查勘蒙地詳文內稱、奉飭查得五勝鄂套旂邊地、共有種地漢民一千三百五十九戶、共男女大小八千三百七十二口、均在界內、共種蒙地五萬六千四百九十一晌、每地一百二十晌爲一犋、每年出租銀四錢八分、或五錢四分、共納租銀三百七十九兩一錢零、其界地東至楊橋畔、與橫山爲鄰、西至二十塘與定邊接壤、北至蒙旗牧地、南即邊牆、東西廣二百餘里、南北袤三十里至七八十里不等、其沿邊牆一帶、具係土凌靠牧之方、蜿蜒皆沙、中爲平原、由石渡口塘至小灘子、爲龍鎮兩堡、肥美之地、紅柳塘至西澗長澗等處、地甚腴沃、西三堡人民爭利之、紅柳小灘橋畔一帶、有法國人於光緒八年在此建堂勸教、歷年推買蒙地數千晌、前遇年荒、招集山陝各處漢民、陸續墾種、其餘皁縣所接一帶蒙地、沙多土少、草廠不旺、往往夏月飛霜、水亦絕少、行百數十里、偶見一水、其味苦鹹、不能灌田、蒙民漢民、均屬奇少、惟現在蒙漢洋人和耕無事、再查皁縣寄居人洋自小橋畔起、至城川口止、共租種蒙地四千七百三十五晌半、每年共納租錢三十七串六百文、又另開城川蒙地五百晌、每年納租折交馬一匹、共隨教民七十一戶、男女大小三百零七名口、合併登明、 丁錫奎查勘洋人築寨稟內稱、奉督憲陶札開、轉准理藩院咨查甯夏理事司員呈報、據阿拉善親王旂員報稱、有居住租種道路素海三盛公之法國洋人修築寨子、又據安邊理事同知多齡申報甯條梁堡小橋畔、住寄洋人、修築土寨各等情一案、札仰迅即查明、如在應管邊界內居住、務將築寨情形、飛速稟道、倘係甘肅所轄、非陝境邊界、亦即分晰明白、限行具覆等因、奉此、卑職遵札確查小橋畔洋人去年修築土寨一座、前奉本府札飭、卑職已稟明在案、今復奉憲台札查、卑職親詣該處查勘梁鎮紅柳河小橋畔天主堂、即素海三盛公之法國洋人、去年教士係馬文明、茲有教士貴名遠、現在教堂、據稱去年甘肅回亂、該教士馬文明等、即在教堂周圍辦修土寨一座、其地皆早年買到、其工皆僱人興築、原爲防守教堂起見、並無外意、詢其龍票取出看閱、係光緒初年來此傳教之護牌、內有欽奉上諭字樣、故稱龍票、亦未開載修築事宜、其所修土寨、卽卑前縣王駿儀查稟之案、茲查得周圍土牆一百六十丈、牆高二丈、底寬一丈五尺、收頂六尺、影牆五尺、垛口去年未開、今已齊開、此洋人修寨實在情形也、　又會查蒙地、稟文內稱奉札飭查、自晉邊起至甘邊止、長若干里、係何地名、能否一律開墾、有無妨礙蒙民遊牧、約可開地若干頃、詳細妥議、職錫奎會雙琳於本月二十四日同到城川口一帶、查勘蒙地、並接見蒙員甲爾古奇吳撒路及其掌界蒙民年老者、周詢各節、僉稱陝北蒙地、遠遜晉邊、周圍千里、大約明沙扒拉鹼灘柳勃居十之七八、有草之地僅十之二三、明沙者、細沙飛流、往往橫亙數十里、扒拉者、沙灘陟起、忽高忽陷、累萬累千、如阜如阬、絕不能墾、鹼灘者、低平之地、土粗味苦、非鹼非鹽、百草不生、柳勃者、似柳條而叢生、細如人指、長僅三五尺、夏發冬枯、蒙人僅藉以圍牆、並作柴燒、但連根盤錯、其地亦不能墾、此外並無深林茂樹、輭草肥美之地、惟硬沙粱草地灘、可墾者絕少、往西一帶、又苦無水、不能居住、偶有草地、必待冬月積雪、然後放馬、可以暫到、年來草廠不旺、蒙民生計甚艱、若再開墾生地、蒙民實更窮迫、卑縣靖邊一帶、僅有小橋畔城川口、兩處、除法國洋人早年租種、不計外、約可墾地百頃、尚屬最上之區、然僅宜蘼蕪兩種、餘中下之地、更可想已、再四籌酌、未敢輕議屯墾、計東北自晉邊黃河畔、由西南迤邐至東北、抵甘邊横城止、約馬路一千二百餘里、除中多明沙扒拉鹼灘柳勃、概不宜墾外、其草地僅有十之二三、再與蒙人游牧之地、必留一二成、可墾者僅十分之一、兼以土高天寒、地瘠民稀、勢不能墾、合併登明、

定邊縣邊外界地、東至牌子塘、與靖邊爲鄰、西至五虎洞、與甘肅鹽池縣接壤、北至蒙旂牧地、南至邊牆、東西廣二百餘里、南北袤六十里至百五十里不等、其沿邊牆一帶、雖屬平原、然以地勢乾燥、土質磽瘠、可耕之

地、尙不及十分之二、靠牧之地方蜿蜒皆沙、中間可耕可牧之地爲數無多、惟第四區邊地沿八里河流域、土地肥美樹木葱鬱畋田宅宅、棊布星羅、昔爲白草荒凉之域、今化爲人烟雞犬之場、再北至城川口、蓆箕灘、接近地方、亦係膏腴之田、惜爲洋人買去多半、設不嚴重交涉數十年之後、漢蒙耕牧之地、恐盡爲外人勢力範圍矣、至第一區口外新坑車輪溝、五虎洞、爲新放之地、土質尙可、但乏灌溉之利、少東至三道泉二道川地方雖耕地無多實爲漢民天然牧場採薪檢糞皆在於此、總計四區口外邊地、共三百五十二村居民二千一百七十九戶、墾地灘地三十萬零一千八百三十六畝、年納歲租錢二百五十餘千、由該旂邊官向收頭直接討取、

民國初、以伊盟畫歸綏遠區域、由都統管轄、八年春、有都統派員畫陜北蒙旂地界事、經陜邊楡神六縣公民設會請願拒絕、陜省長因派員調查沿邊墾地情形、而駐京參衆議員、陜西省議員、分咨行政官署、指陳綏遠畫界有害陜北

沿邊六縣人民之治安、畫界一事、始行停止、蓋地利民生攸關、未得以冒昧從事、貽地方之害也、其省議會建議案曰、查綏遠畫分特別區域、原爲慎重邊防起見、然詳按輿圖、綏城去烏審鄂套等處、遠在千數百里、一旦蒙疆有事、鞭長莫及、榆林爲陝北鎮守使道尹所駐、距邊牆十里、徵兵轉餉、較綏城爲便、値國家財政竭蹶、又何必徒增糜費、此爲固邊防計、不必畫界者一、伊克昭盟七旗、除達拉特杭錦兩旗逼處河濱、不計外、其餘準郡烏扎鄂五旗、皆接陝邊六縣、清初於邊牆外直北有禁留地五十里、嗣又開放畺界、遠至蒙北二百里、自清初至今、多歷年所、戶口無慮十餘萬家、族財產、廬舍墳墓、無一不在陝籍、一旦畫分改隸綏籍、顯非民情所願、且奪此與彼、六縣立形減削、人情紛擾、必滋事端、此爲邊境人民計、不必畫界者又其一、以上理由、應請綏遠永遠停止畫界、以恤邊民、除請國會外、請省署轉咨國務院查照施行、其事始行停止、以涉及套地附記於此、後套旗地、於光緒季年、朝議以貽穀駐歸綏開墾、於烏蘭察布伊克昭兩盟、派員設治、分收租賦、一變游牧之習、五原境內有西盟水利渠之設、渠引河水、面徑四丈、底徑二丈、行舟往來、載物無阻、曰長勝、曰老郭、曰塔布、曰剛目、曰沙河、曰義河、曰豐濟、曰纏金、凡八渠、面積八百里、溉田萬頃、以東西水利二局、理其事、內烏剌忒旗一千七百餘頃、四子部落地一千四百餘頃、杭錦旗地四千頃、達拉旗地約二千頃、初定地租銀兩、蒙旗水利局各分一半、後改蒙三局七、自光緒二十九年至三十四年、貽以吏議獲罪、墾務中止、近人張相文談墾務者謂後套公私所墾、皆在漢時南河北河之間、南河之南、今西河也、河環三面、南亙沙梁、地勢少高、河不能及、雖有墾種、十無五六、今如由西河上游、磴口以下、沙梁之北、廣開橫渠、與南北兩河並、又東至托城、匯水於古沙陵湖、復由橫渠北岸多開支渠、收其租入、以贍工作、則南河之南、沙陵之北、凡鄂套右翼中旗杭錦右翼後旗、達拉左翼後旗、準噶左翼前旗、諸旗地、悉變腴田、此利在內套者也、錄之爲墾務備一說

河套圖志卷五

水陸交通第五

富平張鵬一扶萬編

秦漢塞道

昔元祖以塞外置驛、自誇大功、牛站馬遞、徧設漠北、華夷控制、如履戶庭、宜其雄視一代矣、然秦雲陽道、北達九原、唐通囘紇驛館六十、視後來豈多讓耶、今以秦入塞直道考之、自九原起、南至甘泉塹山堙谷千八百里、則今之涇陽至延榆北達烏剌忒旂之五原縣、皆秦建築故道、隋榆林馳道、實因其舊也、

史記始皇紀二十五年、除道、自九原抵雲陽、蒙恬傳、使恬開馳道、自九原抵甘泉、塹山堙谷、千八百里、

漢塞道有二、一朔方雞鹿塞道、

後書和帝紀、永元元年、夏車騎將軍竇憲、出雞鹿塞、度遼將軍鄧鴻、出稒陽塞、南單于出滿夷谷、與北匈奴戰於稽落山、登燕然山刻石紀功而還、二年

冬、遣行中郎將班固報命、命南單于遣左谷蠡王師子、出雞鹿塞、擊北單于於河雲北、大破之、闞駰十三州志、窳渾縣南有大道、西北出雞鹿塞、在今騰格里泊東北、西拉木倫河西岸、

一五原高闕稒陽塞道、匈奴款邊乞降地也、

通鑑、世祖建武二十四年、匈奴八大人共議立日逐王比爲呼韓邪單于、款五原塞、願永爲藩蔽、捍禦北虜、後書南匈奴傳、章帝建初八年、北匈奴三木樓訾大人稽留氏等、率三萬八千、馬二萬匹、牛羊十餘萬、款五原塞、 元和志、勝州榆林縣、武川城北出石門障、即光祿城、稒陽塞、古入匈奴大道、漢初、匈奴犯邊、朔方蕭關、烽火屢驚、武帝開西河四郡、斷匈奴右臂、朔方以西敵騎跡消、而五原高闕、遂爲塞道之衝、寰宇記引冀州圖云、周秦漢魏以來、出師北伐、凡三道、中道正北、發太原、經雁門馬邑雲中、出五原塞、直向龍城、即匈奴十月大會祭天之所也、一道東北發、直上谷、以東向中山、經北平漁陽、向白

檀遝西、歷平岡、出盧龍塞、直向匈奴左地、卽左賢王所理處、一道西北發、直上郡以西、自隴西經武威、張掖、酒泉、敦煌、歷伊吾塞、匈奴右地、卽右賢王所歷處、自晉陽以北、地勢漸寒、平城馬邑、淩厚二丈、雲中五原、積冰四五千（當作十）尺、唾出口成冰、牛凍角折、而畜牧繁滋、今以諸說言之、五原朔方東西二道塞、皆入塞中道、魏征蠕蠕、隋征突厥、多出五原道、元征西夏、淸征噶爾丹、取道甯夏、古雞鹿塞道也、

唐塞道

唐參天至尊道、於回紇以南、突厥以北、置驛六十有八、以達京師、

唐書回紇傳、吐迷度入朝、渠領共言、請於回紇突厥部治大涂、號天參至尊道、世爲唐臣、乃詔磧南鸊鵜泉之陽、置過郵六十八所、具羣馬、湩肉、待使客、歲納貂皮爲賦、拜土迷度瀚海都督、

唐又有夏州至豐州驛八、夏州至天德軍急驛十一、從天德軍取夏州、乘傳奏

事、四日餘、便至京師、

唐書憲宗紀、元和八年、夏州至豐州、初置八驛、　元和志、元和八年冬、回鶻南過磧、取西城柳谷城、討吐蕃、西城防禦使周懷義表至、朝廷大恐、中書侍郎平章事李吉甫、請自夏州至天德軍、復置廢館十一所、以通急驛、上從之、又云、頃年每有回鶻消息、須經太原取驛路至闕下、及奏報到、已失事宜、今自新宥州北至天德軍、置新館十一所、從天德軍取夏州、乘傳奏事、四日餘便至京師、

舊唐書地志、有賈躭方域道里數、其入四夷要路、有七、三爲夏州塞外通大同雲中路、四爲中受降城入回鶻路、今載其說、分注所知於下、

夏州通大同雲中之路、由夏州北渡烏水、（去州城三十里）經賀麟澤、拔利干澤、過沙次內横劃沃野泊、長澤、百二十里至可朱渾水源、又經楊城口澤、横劃北門、突紇利泊、石子嶺、百餘里至阿頽泉、又經大非苦鹽池、六十二里至賀蘭驛、又經庫

也干泊、彌俄泊、榆祿渾泊、百餘里至地地頽澤、又經步拙泉故城八十八里跋沃那水、經胡洛鹽池、紇伏干泉四十八里渡庫結沙一曰步納沙二十八里過橫水、五十九里至什賁故城、又十里至寧遠鎮、又步屯根水五十里至安樂戍、在河西壖其東城有古大同城、今大同城、故永濟柵也、

大同城天德軍所駐也、烏水即黑水、胡洛鹽池、即漢朔方縣金蓮鹽澤、詳山川考、什賁城漢朔方縣城也、李益楊城驛舍詩、何處可潸然、楊城烽樹邊、今朝望鄉客、不飲北流泉、又渡破納沙詩、眼見風來沙旋移、經年不省草生時、莫言塞北無春到、縱有春來何處知、破納沙頭雁正飛、鸊鵜泉上戰初歸、平明日出東南地、滿磧寒光生鐵衣、

北經大泊十七里、至金河、又經故後魏沃野鎮城、傍金河、過古長城、九十里吐俱麟川、傍水行、經破落汗山、賀悅泉、百三十一里、至步越多山、又東北二十里至纈特泉、又東六十里至賀人山、山西磧口、有詰特犍泊、

大泊當卽今噶老圖泊、金河卽薩哈賴喀河、吐俱麟、疑坤都倫之轉、今坤都倫河也、

吐俱麟川西有城、城東南經拔厥那山二百三十里、至帝割達城、又東北至諸眞水議、又東南百八十里、經古可汗城、至鹽澤、又東南經烏咄谷、二百七十里、至古雲中城、又西五十五里、有綏遠城、皆甯夏以北蕃部所居、

拔厥那山、疑卽魏道武帝擒直力鞬之拔紇那山、諸眞水、今茂安旂之塔爾渾河、綏遠城、近唐東受降城、以北綏遠峯得名也、

中受降城、入回鶻道、自城正北如東行八十里、有呼延谷、谷南口有呼延柵、谷北口有歸唐柵、東道也、入回鶻使所經、又五百里至鸊鵜泉、又十里入磧、經麚鹿山、鹿耳山、錯牙山、八百里至山鷰子井、又西北經密粟山、達里泊、野馬泊、可汗泉、横嶺、綈泉、鏡泊、七百里至回鶻牙帳

中受降城、入回鶻道、計程一千一百里、考唐書、回紇初居娑陵水、去長安六

千九百里、後南徙突厥舊地、依烏德鞬山、直南去西受降城、一千七百里、道里尚合、鸊鵜泉十里入磧、即古翰海、今之戈壁、方觀承從軍雜記、瀚海東西亙萬餘里、徑千里、或四五百里、沙石苴雜、無草木、山色盧黑、亦無生氣、麗鹿鹿耳等山在磧內、當為察哈齊老圖山、達里野馬諸泉泊、當即土謝圖汗部之胡爾汗鄂倫泊、三音諾顏部之鄂羅克泊、綳查罕等泊也、李益過鸊鵜泉詩、綠楊著水草如烟、舊是胡兒飲馬泉、幾處吹笳明月夜、何人倚劍白雲天、從來凍合關山道、今日分流漢使前、莫使行人照容鬢、恐驚憔悴入新年、

又案唐代回鶻移牙烏德鞬山、即今章鄂山鄂爾坤之間、以康熙時西師自歸化城西北至推河驛站考之、已二千餘里、又東至章鄂山、約五六百里、同時殷提督化行、於二月二十五日自甯夏北發、至五月初四日、始抵土拉河、凡兩月餘、計程已四千餘里、賈氏塞外道里記、西城至牙帳千七百里、別道鸊鵜泉、北至牙帳千五百里、與今塞道相差約五六百里、意者唐時至牙帳、

或別有道否則一千字有誤也、

又別道自鸊鵜泉北、經公主城、眉間城、怛羅思山、赤厓、鹽泊、渾義山、盧門山、木燭嶺、千五百里、亦至回鶻牙帳、東有平野、西據烏德犍山、南依嗢昆水、北六七百里仙娥河、河北岸有富貴城、

以上計程一千五百里、鸊鵜泉至西城二百里、元和志二誤三與唐書合、烏德犍山、一統志以爲杭愛山之東支峯、今章鄂山、齊召南謂回紇牙西之烏德犍山也、嗢昆水今鄂爾坤河也、仙娥河亦轉錫蘭、今色棱格河也、一統志和林東北有斜連河、河有古城、賈躭地志之仙娥河富貴城也、

又正北如東過雪山、松樺林及諸泉泊、千五百里至骨利幹、又西十三日行、至都播部落、又北六七日至堅昆部落、有牢山劍水、

舊唐書骨利幹北距大海、去京師最遠、貞觀中遣使入朝、太宗列其地爲玄朔州、都播唐書亦曰都波、北濱小海、西堅昆、南回紇、分三部、由骨利幹西行

十三日、至都播、 唐書、黠戛斯、古堅昆國也、直回紇西北三千里、南依貪漫山、地夏沮洳、冬積雪、人皆長大、赤髮晳面綠瞳、其君曰阿熱、駐牙青山、阿熱牙至回鶻、唐德宗時回紇改爲回鶻 牙所、橐它四十日行、回　牙北六百里、有仙娥河、東北曰雪山、地多水泉、青山之東、水曰劍河、偶艇以渡、水悉東北流、經其國、合而北入於海、貞觀中入朝、太宗以其地爲堅昆府、乾元中爲回鶻所破、不能通中國、後狄語訛爲黠戛斯、回鶻稍衰、阿熱自稱可汗、殺回鶻可汗、徙牙牢山之南、牢山亦曰賭蒲、距回鶻舊帳馬行五十日、會昌中、送太和公主還朝、遣使注吾合素至京師、武宗大悅、使李拭册君長爲宗英雄武誠明可汗、何秋濤朔方備乘、骨利幹今俄屬伊聶謝斯科地、都播今俄屬德波斯科地、堅昆當在今阿勒坦山北、俄托穆斯科地、今唐努烏梁海、漢堅昆、唐黠戛斯、元吉利吉思地、有唐努山、北連薩彥嶺、山高林密、當卽牢山、烏魯克穆河、與貝克穆河合流、爲克穆克穆池、元史謂之欠欠州、卽此劍水、北流入俄境、爲

葉尼塞河、

又自牙帳東北渡仙娥河二百里至室韋、

舊唐書室韋傳、契丹別種也、居猺越河北、其國在京師東北七千里、東至黑水靺鞨、西至突厥、南接契丹、北至於海、有九部、嶺西室韋、山北室韋、黃頭室韋、大如者室韋、小如者室韋、婆萵室韋、訥北室韋、駱駝室韋等、並在柳城郡東北、近者三千五百里、遠者六千二百里、大室韋部落傍望建河居、（唐書作室建河）源出突厥東北界俱輪泊、屈曲東流經西室韋界、又東大室經韋界、又東經蒙兀室韋之北、落俎室韋之南、又東流與那河忽汗河合、又東經黑水靺鞨之北、北黑水靺鞨之南、東流注於海、朔方備乘、南室韋在車臣汗部東黑龍江北境、北室韋在興安嶺北、鉢室韋、大室韋、皆今西卑利部也、望建河今額爾古納河、俱輪即呼倫泊、那河當即嫩江、忽汗河當即呼爾哈河、三水合流、東爲黑龍江、東北入海也、骨利幹之東、室韋之西、有鞠部落、亦曰裓部落、其東十五日行、有瘉折國、亦室韋部落、又西行十日、有大漢國、又北有骨師國、骨利幹都播二部落、北有小海、冰堅時、馬行八日可渡、海北多大山、其民狀貌甚偉、風俗類骨利幹、晝長而夕短、

唐書回鶻傳、下鞠居拔野古東北、有木無草、地多苔、無羊馬、人豢鹿若牛馬、惟食苔、俗以駕車、以鹿皮爲衣、又有瘉折者、地差大、俗與拔野古相埒、少羊馬、多貂鼠、大漢者處鞠之北、饒羊馬、人物頎大、故以自名、與鞠俱鄰於黠戛斯劍海之瀕、此皆古所未賓者、當貞觀逮永徽、奉貂馬入朝、或一再至、朔方備乘、鞠部落、今俄屬義爾古德斯科地、大漢國、今俄屬土爾汗之地、骨利幹都播北之小海、當爲貝加爾湖、馬行八日、計地望非差也、

回鶻有延娙迦水、一曰延特勒泊、烏德鞬山左右嗢昆河、獨邏河、皆屈曲東北流、至牙帳東北五百里合流、泊東北千餘里、有俱輪泊、泊之四面皆室韋、

北部湖泊大者、唐努烏梁海境有庫蘇古爾泊、東西狹、南北廣、長一百六十餘里、廣六十里、中有魁博爾多克山、俱輪泊在其東北、當即延娃迦水也、嗢昆河、即鄂爾坤河、獨邏河、即土拉河、合流於土謝圖汗部、其地當杭愛山麓、北流入色楞格河、元和林城舊址、所謂烏德鞬山左右也、俱輪泊、今呼倫池、在黑龍江省西北、克魯倫河、自西南流入、額爾古納河、自東北流出、鄂爾順河、自車臣汗部北流入、元明時名闊連海子、長經二百餘里、周五六百里、

宋時延州入平夏、有東北、正北、西北三路、

宋琪言邊事疏、從延州入平夏有三路、一東北自豐林縣葦子驛至延　縣、接綏州入夏州界、一正北、從金明縣入蕃界至蘆關四五百里、入平夏州南界、一西北、曆萬安鎮、經永安城出洪門至宥州四五百里、是夏州西境、

清伊盟七旗內外道

清內蒙古驛道、凡五、均於水泉形勝處、設驛站、而自歸化城至鄂爾多斯八百

餘里、設驛八、自殺虎口至烏剌忒九百餘里、設驛七、自張家口至四子部落、五百餘里、設驛五、

而由府谷縣北至後套路、凡九站、六百九十里、

由府谷麻地溝北出邊牆口四十里至古城、七十里至納林、八十里至沙梁、過打拉地九十里至四合店、又西北行七十里至西旺永、北行八十里渡黃河、至南虎墭凹西北行一百里至公爺店、六十里山嘴、又西行至後套、

由四合店至歸化城路、凡三站、

由店東北行、渡河共九十里、至包頭蒙地大市埠、去河岸十五里、又九十里至薩拉齊縣、又東北行一日八十里、至歸化城、由四合店西行十餘里、至王愛昭、即八白室也、

由神木邊外至榆林路、凡五站、三百二十里、

朔漠方略、自神木邊外行五十里、一站至俄爾几和泉、又六十里、一站、至喬

水爾河、又六十里一站、至伊克博東泉、又八十里一站、至楚爾哈齊井、又七十餘里至榆林、俱沙路、

神木邊外至甯夏路、凡十一站、八百二十里、

朔漠方略、邊外至甯夏路、無人知之、由神木過貝勒汪舒克所居阿都海之地、接擺站大道、有一路、則自神木五十里一站至俄爾几和泉、四十里一站至打拉泉、七十里一站至摩都圖湖、八十里一站至俄欽湖、七十里一站至俄都海、七十里一站至大路察罕札達海五十家驛、七十里一站至貝勒宋剌卜所居西拉布里都、六十里一站至博羅札剌克井、六十里一站至賽默井、六十里一站至沙克舒爾井、六十里一站至拜都井、五十里一站至祁它特泉、四十里一站至橫城口、又三十餘里至寧夏城、自神木邊外至察罕扎達海、路中水草薪柴無誤、沙多、自察罕扎達海至橫城口、路平、水略少、

榆林邊外至甯夏路、凡十站、七百三十里、水甚少、路亦大沙、

朔漠方略、自榆林八十里、一站至馬齊圖札達海、有小泊一、又八十里一站至海流圖、有大河水、又六十里至拖河圖、有小泊一、井一、又六十里一站至納林河、有小河水、又八十里一站至古壘、有井一、又八十里一站至阿兒灘噶達素、有井一、又九十里一站至烏拉素、有井一、又七十里一站至察罕陀羅海、有井一、又五十里一站、至哈沙圖、有井一、又八十里一站、至橫城口、

套地黃河運道

河套行舟、見於記載者、漢惟衛青絕梓道、梁北河、元魏初、用兵朔方、與劉衛辰慕容寶相爭、旌旂戰艦、照耀河干、太平眞君七年、刁雝鎭薄骨律、以舟漕粟五日而至沃野、

魏書道武紀、登國六年十一月、衛辰遣子直力鞮寇南部、車駕出討、大破之於鐵岐山南、戊子、自五原金津南渡河、辛卯、次其所居悅拔城、衛辰父子遁、十年七月、慕容垂遣子寶寇五原、造舟收穀、八月、帝親治兵於河南、九月、師

臨河、築臺告津、連旌沿河東西千里有餘、時元虔五萬騎出京、絕其左、元儀五萬騎在河北、承其後、元遵七萬騎塞其中山之路、冬十月辛未、寶燒船遁、

元和志、後魏眞君七年、刁雝上表言、奉詔平高安定統萬及臣所守四鎮、出車五千乘、運穀五十萬斛、付沃野鎮、臣鎮去沃野八百里、道多深沙、輕車往來、猶以爲難、今載穀二十五斛、深沙必至滯陷、又穀在河西、轉至沃野、越渡大河、計五千乘、運十萬斛、百餘日乃得一返、大廢生人耕墾之業、牛車艱阻、難可全至、一歲不過二運、五十萬斛、乃經三年、臣聞鄭白之渠、遠引淮海之粟、泝流數千里、周年乃得一至、猶稱國有儲糧、人用安樂、今求於牽屯山河之次、造船二百艘、二船爲一舫、一舫勝二千斛、一舫十人、計須千人、臣鎮內之兵卒皆習水、一運二千萬斛、方舟順流、五日而至、自沃野牽上、十日還到、計用人工、輕於車運十倍有餘、不費牛力、又不廢田、孝文帝善之、下詔曰、非但一運、自可永以爲式、

其後遼重熙間、於天德軍造樓船百三十艘、元至元時、以郭守敬言、於東勝立水驛、以通漕運、蓋時值割據、轉餉輸卒、利用河流、與元魏時同也、

遼史耶律鐸軫傳、重熙間爲天德軍節度、相地造戰艦、因成樓船百三十艘、上置兵、下立馬、規制堅壯、稱旨、及西征、詔鐸軫率兵甲別道進、會於河濱、敵兵阻河而陣、帝戰、絕河擊之、大捷而歸、　元史世祖紀、至元三年、敕自中興路至西京之東勝立水驛、郭守敬傳、至元二年、授都水少監、守敬言、舟自中興沿河四晝夜至東勝、可通漕運、又見查郎泊兀郎海古渠甚多、宜加修理、

清聖祖幸甯夏時、於橫城坐船、二十日至湖灘河朔、即古君子津、或以爲今包頭鎭是也、在歸化西北二百里、今以橫城口東至府谷縣之蓮花纏河口水道里數列下、

朔漠方略、康熙三十五年、十一月、諭皇太子曰、二十七日、駐蹕麗蘇村、二十八日、駐湖灘河朔、漢人稱爲脫脫城、即黃河岸、波流甚緩、非南方黃河比較

天津入海、狹河尤狹、仰射而過、五十餘步、於是登逆流、舉棹以試水勢、船猶可行、東華錄康熙五十二年、上諭、朕幸甯夏、過鄂爾多斯地、謂松阿剌布王曰、爾等祖宗、不過欺侮漢人、遂據河套耳、若朕則自橫城坐船、帶糧、從鄂爾多斯之後、抄出據守、爾等將如之何、又回鑾時、由橫城坐船、計二十一日、至湖灘河朔、已將馬匹發往陸路、此二十一日、率兵步行、圍獵打漁而回、十月二十八日至河岸、岸南一土城、大十除里、名脫脫城、相傳爲脫脫所築、　鄭居中府谷縣志、黃河自甯夏橫城出口、進套北流千餘里、復東向脫脫城流至城山嘴西、有十二連城、夾河向南流、逕偏關縣屬老牛灣、關河口、南岸山爲西境、又由關河口至龍口、一名北風洞、兩岸石山夾河中流、較天橋峽更窄、但底平、濤浪稍減、而下奔放處、西岸尤闊、歷太子灘、娘娘灘、羊圈灘、俱河曲縣境、北岸以灰溝爲界、東屬河曲邊外、西屬縣邊外、又五里、即縣黃甫川之蓮花纒邊口、爲黃河出套進口之始、　俞明震壬子歲泛黃河自甯夏達頭包鎮、舟行雜詠其二、日落長城窟、悲風起賀蘭、草肥知馬健、地僻引渠寬、石色天西盡、人心亂後看、無爲怨回紇、生事日干端、自注、去冬回隊至甯夏、會匪已棄城遁、回隊入城肆淫掠、殺良民二千七百餘人、今尚十室九空、生計無論矣、 其三、古塞名王府、森森萬木青、地形連朔漠、國論弛藩屏、世絕天親賤、兵荒互市停、淒涼逐客令、十口已伶仃、自注、蒙古阿拉善王居賀蘭山陰、擅森林之利、王與端庶人至戚、庶人滅死、依王生活、近以國變、王遂逐庶人奔甯夏、蒙地產鹽、甘肅以庫帑租王鹽池、去冬以兵亂暫停、 其四、衝沙兩岸風、舟疾欲浮空、草色不成綠、柳條纔吐紅、意中有春日、身外即鴻濛、磴口雞魚賤、傳聞西道通、自注、塞外多紅柳短小叢雜、舟人束柳條爲刷釜掃船之用、過磴口千里不見人煙、 其五、西風不成雨、吹入小單于、棄地常千里、神功有後圖、水底斜岸出、天遠片雲無、碧眼誰家子、新開百道渠、自注三套河有法國教堂、庚子被燬、索償二萬金、蒙古阿拉善王乞貸於甘肅、不應、遂以地償之、近則渠工四達、教民過七千戶矣、　其七、扁舟出鹼滂、日薄晝冥冥、岸蝕沙能語、雲開風有形、極邊無戍鼓、何地戴王靈、留得千秋影、狼居兩點青、自注、鹼滂數十里皆沙阜、一白無際、掘沙二三尺卽得鹼、遙見狼居胥山兩峯對峙、舟人呼爲兩狼山、　其八、舟環烏喇特、面面飽看山、雜樹自生滅、河流時往還、氈廬寒暑共、國界有無間、犂牧強權在、邊民盡出關、自注、河流曲折繞烏喇特山行、山卽烏喇特府地、分三旗、以三公爵領之、曰中公、東公、西公、受盟長節制、貽穀辦墾牧、盡收烏喇特一帶荒地、　其九、聞說陰山近、橫流入地行、夢懸青塚影、風有黑河聲、市遠尋車轍、塵昏壓土城、萬方同永夜、孤燭自分明、自注、烏喇特山連大青山、卽古陰山、河流近山、不似沙漠之泛濫矣、距包頭鎮七十里、烏喇山對岸一土阜、土人呼爲昭君墳、然青塚在歸化城南二十里、不在包頭、包頭鎮土城甚大、商務漸盛、自包頭鎮至朔河口、卽古君子津、河轉東南流、入山西境、

河套圖志卷六

物產第六

富平張鵬一扶萬編

新秦地自移民實邊後、物產饒沃、當時言富厚者、必曰新秦、新秦、見漢書證以今語、猶曰出洋、唐地志元和郡縣志備列豐勝二洲入貢土物名類甚多、今套中惟以鹽鹼聞、套北毛革由包頭出口、海關報告大半皆是、而製造者絕少、惜哉、今析其物產、凡三、曰鑛物、動物、植物、

鑛物

鑛物之類三、鹽鹼鐵是也、鐵見於金史地志、雲內州產青鑌鐵、其地在今五原縣、爲烏剌忒旂地、一統志、烏剌忒旂北二百里、額貴恩都爾山、即麥朵山、舊產鐵是也、

漢富昌成宜兩縣、均置鹽官、而朔方縣之金蓮鹽池青鹽池、唐時爲胡洛池、每年供振武天德兩軍及營田水運、採鹽約一萬四千餘石、明爲紅鹽池、延綏鎮

志、紅鹽池外東有長鹽池、西有鍋底池、及大鹽池、

元和志、十賁故城、朔方縣理此、即漢朔方縣故城、有二鹽池、大而青白、青者名青鹽、一名戎鹽、又宥州長澤縣有胡洛鹽池、在縣北五百里、周回三十里、亦謂獨樂鹽池、蓋池兼朔方長澤二縣之境也、

宋初夏州一域地歸拓拔、因議禁鹽入內、爲制敵之計、西夏以之每求和議、經趙宋一代、其說蓋未弛也、

李燾續通鑑長編六十三、眞宗景德三年、向敏中等與趙德明議、朝廷所降要約事、陳堯叟言青鹽平夏甚多、若置榷場、官亦不可買之、官買必須官賣、既亂禁法、且解州兩地鹽、不復行矣、又一百五十七、仁宗慶歷五年十一月邇英閣讀三朝經武聖略、上曰、眞宗時李至言、鄭文寶建議禁西界青鹽、爲失策如何、侍讀高若訥奏、青鹽之禁、西人至今失其厚利、乃策之得、至言殆偏見也、上然之、按一百三十二、載慶歷二年、田況上兵策十四事、有太宗朝

鄭文寶言禁靑鹽以困遷賊、可以不戰而屈人兵、詔自陝以西、市之者皆坐死、其後犯法者甚衆、戎人乏食寇鈔邊郡、西屬萬餘帳歸繼遷、命錢若水馳傳視之、因詔盡復舊制、戎人始漸歸附、今日之勢、若厚加招撫、稍寬鹽禁、則屬戶無不得用、議者以邊饋已窘、又興費不貲、非至計也云云、錄之以見當時平夏之鹽、關係邊計如此、

淸時哈剌莽乃池、卽唐胡洛池、產大鹽、七旂貧苦、藉此資生、行銷於府谷神木及河東七協、河曲偏關、而太原以北、瀕河州縣、亦准協濟、惟禁水運、恐及河東引地也、又五勝（右末）扎薩克（右前）等旂、有小鹽池、味苦多硝、鄂套（右中）旂有花馬池、鹽色青粒大、爲各池鹽產之冠、

神木縣志、哈剌莽乃鹽池、在縣北四百餘里之杭錦旂西北、周圍三十餘里、鹽在水中結成顆粒、質堅色青、每斗約重二十三四斤、謂之大鹽、取法、以柳筐入水撈之、傾於灰側、累積成堆、以待運者、花馬池取鹽、先於平地爲畦、引

注池水經宿成鹽、白如霜雪、二三日成粒、四五日後、粒大色青、可運他方也、蒙鹼出於苦水池、有東西大小淖兒、光緒時、以教案兩次賠款、租池於陝西官鹼局、租期自光緒二十七年起、以三十七年爲限、鹼局設於神木邊外之窰鎮、分售山西歸化京津各處、其質製鹼外、可製苛性加里及漂粉、蒙地又有天然鹼、色潔質堅如礬、產於地中、近邊各縣時有販運他處、不多得也、

仝之異蒙鹼考察記、鹼出神木邊外二百餘里、大小二淖兒、大淖兒即察罕泊、又名前淖兒、在札薩克右前五勝右末兩旂界、界周四十餘里、徑十三里有奇、小淖兒、一名阿肯淖兒、又名後淖兒、在札薩旂界、周十里許、徑三里許、兩淖兒均圓形、東西相對、距七八里、光緒二十七年、蒙古因靖邊教案賠款、以鹼淖作抵、經陝撫升允以庫銀五萬九千五百兩贖回、以二十七年爲期、民國元年、因五勝賠償小橋畔教款、又借陝庫銀二萬八千、以二萬續租鹼淖十年、至民國二十八年止又八千兩租五道河池、爲公家屯田官鹼局、設神木縣邊外八

十里窰鎮、收料煎熬、其東蘆草溝又有分廠鹼、製成後、由兩局分路銷售、淖兒取鹼、須冬時北風大起、水涸鹼出、或四五寸、或七八寸、或尺餘不等、由蒙民採取、堆積池旁、由官局收買、復運至窰鎮官局、入鍋煎熬、大淖兒鹼質性剛、小淖兒鹼質性柔、煎製時用大淖兒鹼七分、小淖兒鹼三分、配合成品、方良、製成鹼錠、以八十五斤爲率、鹼質上者、每斗製淨鹽二十餘斤、劣者十五六斤、十斤許不等、銷售時、零售由小商販賣、整售由縣城高家堡各商店分售山西各處、蘆草溝商店、分售歸化京津等處、

動物

套地牧馬、自昔已然、漢時新秦各縣官假馬母、令民得畜、三歲而歸、息取什一、武帝時令也、

史記平準書、上北出蕭關、從數萬騎、行獵新秦中、以勒邊兵而歸、新秦中或千里無亭徼、於是誅北地太守以下、而令民得畜邊縣、官假馬母、三歲而歸、

及息什一、以除告緡、用充入新秦中、

唐馬政以夏州朔方爲盛、馬在夏州者、多取之於六胡州、而以西受降城、爲突厥堅昆馬市之地、

唐書兵志、儀鳳後、置八監牧監於鹽州、使統白馬等坊、自萬歲失職、馬政頗廢、永隆中、夏州牧馬死者十八萬四千九百九十匹、開元初、國馬益耗、太常少卿姜誨、乃請以空名告身市馬於六胡州、率三十匹讎一游擊將軍、命王毛仲領內外閑廐、馬稍稍復、始二十四萬、至十三年、乃四十三萬、其後突厥款塞、玄宗厚撫之、歲許朔方軍西受降城爲互市、以金帛市馬於河東朔方隴右、牧之既雜胡種、馬乃益壯、天寶後、諸軍戰馬動以萬計、王侯將相外戚、牛駝羊馬之牧、布諸道、百倍於縣官、皆以封邑號名爲印自別、將校以備私馬、議者謂秦漢以來、唐馬最盛、天子又銳志武事、遂弱西北蕃、唐會要、天寶六載十二月、九姓堅昆及室韋獻馬六千匹於受降城、納之、方鎮表、開成三年、

以夏州節度使領銀州監牧使。唐書方鎮表。開元二十年。朔方節度增領閑厩宮監牧使。唐書王忠嗣傳。先是忠嗣之在朔方也。每至互市時。即高估馬價以誘之。諸蕃聞之。競來求市。來輒買之。故蕃馬益少。而漢軍益壯。及至河隴。又奏請徙朔方河東戎馬九千匹以實之。其軍又壯。迄於天寶末。戰馬蕃息。

宋失朔方。市馬於麟府各州。以夏州牧地為西夏所據也。

宋史兵志。初市馬陝西麟府豐延保安軍河西綏寧。自趙德明據有河南。其收市惟麟府保安軍。其後置場。則又止慶延而已。食貨志。熙寧中麟州奏夏人之請。令鬻銅錫以市馬。党項傳。勒浪族遷帳府州界。東至河百五十里。南至府州三百里。副首領遇兀言部族多良馬。

明初。自東勝至河西寧夏。為軍旂養馬之所。而陝西馬額一萬六千餘匹。延綏一鎮亦二萬二千三百匹。榆林志云。塞外（即套地）牧馬蕃息。視西口馬身材頗遜。

而倜儻過之、五勝右末以東、尤多絕塵之品、

陝西通志、洪武三十年、定北邊牧馬草場、自東勝以西、至寧夏河西察罕淖兒、　游牧記、康熙三十二年、聖祖征噶爾丹至鄂爾多斯旂所部界、札薩克等率屬渡河朝御營、上諭皇太子曰、朕至鄂爾多斯地方、各旂俱和睦如一體、無盜賊、駝馬牛羊不必防守、生計周全、牲畜蕃盛、較它蒙古殷富、圍獵嫻熟、雉兔復多、所獻馬皆極馴、取馬不用套竿、隨手執之、水土食物皆甚宜、馬之外、牛有酥、乳酪茗飲所必需。駝有絨、羊之皮毛、爲用尤廣、革呢原料、多取於此、狐兔之皮、又其次也、

榆林府志、牛產蒙地、本境銷售、約千餘頭、酥來自蒙地、以牛羊乳爲之、唐地志、宥州夏州產此、　寰宇記、夏州產羊、豐州產羱羊、榆林志、騷羊每歲至蒙地購之、冋冋用以製氈袋、近多售於洋商、

植物

植物之著者、漢時陰山以木植爲最、北魏時、以之爲攻戰之具、唐代則無聞焉、然明時戶部徵大靑山木稅、卽古陰山也、淸嘉慶年間、殺虎口木稅無收、因於山西火耗存餘項下抵補、見光緒九年晋撫張之洞淸查庫款章程、蓋明淸之際、始濯濯矣、

漢書匈奴傳、侯應言陰山東西千餘里、草木茂盛、多禽獸、本冒頓單于依阻其中、治作弓矢、來出爲寇、是其苑囿也、孝武出師征伐、斥奪此地、攘之於幕北、邊長老言匈奴失陰山之後、過之未嘗不痛哭也、　魏書世祖紀、始光四年、遣就陰山伐木、大造攻具、

今套中產段木外、有臭栢、金史有不灰木、豐州舊產也、

府谷縣志、构木俗名段木、細堅可鐫字、蒙地較多、　神木縣志、臭栢、生邊外沙中、葉與香栢無異、惟長枝蔓生土中、短枝外露、高二三尺、蒙人取葉焚以代香、土人作薪、火燄甚烈、沙漠中特產也、

草有沙竹、升麻、柴胡、遠志等、而沙蓬爲麵食之佳品、席萁爲秣馬之美草、楡林志、沙蓬之實狀如米粒、宜麥食、晋商爭販之、 清聖祖幾暇格物編、米蓬米出沙地、鄂爾多斯所產尤多、枝葉叢生、如蓬、米似胡麻而小、性暖、益脾胃、易于消化、好者食之、多有益、作爲粥、滑膩可食、或爲米、可充餅餌茶湯之需、向來須之者少、經朕試用之、知其宜、今取之者衆矣、延綏鎭志、沙米苗莖如麻、葉類艾而稍圓、有刺、高尺許、生子成房、米粒如黍、杵去皮、用羊羹作食味甘滑、利大腸、服之不饑、邊外名黍喇吉、譚吉 曰、彼楡人斯、不耕不鑿、地不愛寶、求民之瘼、秀發沙中、瑞同旅穀、 席萁又名息雞、又名雪積、皆一音之轉、酉陽雜俎、席萁一名塞蘆、生胡地、古詩有千里席萁草之句、其草宜飼馬、又可織席織簾、王建詠席萁簾、單于不向南牧馬、席萁偏滿天山下、胡嶠陷北記、塞外有息雞草、美而大、本馬食不過十本而飽、即芨萁草、爲塞外特產之一也、

穀多稷土八名糜多麻、蔬有沙葱沙芥、而蕈特美、俗名磨菰也、

定邊縣志、沙葱、邊外產、葉細長、不類葱、沙芥、邊外產、葉類菠薐、尖長肥厚、有光潤、作虀、味辛過芥、　寰宇記、麟州勝州產蕈、金史地志、豐州產地蕈、

製造之物、赫連氏時以五兵著、唐以來角弓褐氈、胡布、載於歷史、今則無聞、夷夏代易、舊業失傳、因材制宜、望後來之提倡也、

晉書赫連載記、勃勃造五兵之器、精銳尤甚、既成、呈之、工匠必有死者、射甲不入、即斬工人、如其入也、便斬鎧將、又造百鍊剛刀、爲龍雀大環、號曰大夏龍雀、銘其背曰、古之利器、吳楚湛盧、大夏龍雀、名冠神都、可以懷遠、可以柔邇、如風靡草、威服九區、世甚珍之、復鑄銅鼓、飛廉翁仲、銅駝龍獸之屬、皆以黃金飾之、列於宮殿之前、凡殺工匠數千、以是器物莫不精麗、　唐志、夏州貢角弓、又貢胡布麻布、　元史百官志、豐州製甲弓、各有局、又捏只局、織花氈、　寰宇記、豐州產駝毛褐、

河套圖志終

壬戌夏歷
七月付印
每部銀五角

西安圖書社
中華書局代售

校勘表

卷數	頁數	行數	正字	誤字
卷一	五頁	二十二行	垚	堯
又	六頁	五行	於夏州西南	於下衍此字
又	又	十行	率部落	率誤牽
又	八頁	十三二行	漢并州以下	誤低一字
又	又	十九行	勃與	誤低二字
又	十頁	三行	蓋臨河	臨下遺河字
又	十四	一行	行幸稒陽	陽字誤排于第二行
卷三	十	十一行	浙東	浙誤淅
卷五	二	七行	唐宋內外	唐下遺宋內外三字
又	又	十一行	吐	誤土

周晉熙 著

綏遠河套治要

民國鉛印本

周頌堯著

綏遠河套治要

黃郛題

著者

與水爭地

徐滔題

綏遠河套治要

成都頌堯周晉熙著

緒論

綏遠五原縣河套地方。俗稱後套。幅員遼闊。延袤千里。田畝縱橫。溝洫交錯。出產豐富。鑛苗繁多。誠爲西北重要之區。一般有志西北者。莫不注意焉。年來或親歷考查。或著言提倡。卽歐美人士。亦時相往還。明爲遊歷。實則居心叵測。是河套之關重。固大有人在矣。考此地原屬蒙藩。清末隸於晉。設撫民之官。民國元年。設縣曰五原。駐包頭遙制。劃歸綏遠特別區。四年築城於隆興長村之北五里。地方進行未久。庶政待興。不意連年匪患頻仍。元氣因之大傷。遂致田園荒蕪。人民流離。商賈失業。十室九空。不但綏區受無窮之影響。卽國家亦同受其害。是故河套一日不興。綏區一日難期發展。此誠有國者所當注意者也。今將關於河套疆域。沿革。山川。[illegible]。古蹟。要隘。建置。設治。墾殖。水利。商務。農業。鑛質。牧畜。出產。林業。交通。文化。蒙旗。教堂。吏治。軍事。以及會匪狀況。風俗情形。撮其概要。分章編述。都爲一卷。度亦有志西北者所樂覯也。

第一章　疆域

五原縣河套地方。居綏遠西境。東接包頭南近陝邊西通甘寗北控庫蒙東西延袤千里。南北寬廣三百里。實佔綏區面積之半。居於西二盟鄂爾多斯伊克昭盟杭錦旗達拉特旗之北部。所有烏蘭察布盟烏拉特部之東公旗中公旗（又名東大公旗）西公旗均環繞於東北。禹貢屬雍州之地。所謂朔方是也。世界滄桑。迭經變遷。忽夷忽夏。疆域紛更。當前清時歸山西歸綏道薩拉齊廳之管轄。及至末葉。綏遠將軍貽穀。振興墾政。於光緒二十九年遂有五原廳之設。以杭錦。達拉兩旗烏拉特三公旗地及右翼後旗地與左翼後旗之西境隸焉。民國元年改廳爲縣。駐於薩拉齊縣包頭鎭內遙制。四年始將縣署移駐五原縣隆興長北五里。建城治理。八年析縣屬之烏拉特東公旗地。別隸固陽設治局。（固陽設治局今已改縣）十二年又將縣屬東西公旗三湖河一帶。劃歸包頭設治局管轄。

五原河套地方。現在之疆域。東至包頭設治局東公旗之七分子東北至固陽縣莫林河紅花塔拉小佘太東南至包頭設治局西公旗之西山嘴南至東勝縣北界暨杭錦旗鄂托克旗北界。西南濱臨黃河。西至甘肅平羅縣毘鄰額魯特旗阿拉善王之地界。西北至狼山與賀蘭山接脈之處。北至烏拉山迤北外蒙土謝圖汗部落。按以方里計之。合三萬方里。每里以五頃四十畝計算。共合華畝一千六百二十萬畝之多。此河套疆域之大略也。

第二章　沿革

邊郡之設。始於漢。漢以上。無從考也。故河套莫詳於漢。亦莫確於漢。自漢迄今。有四運之分。戰國秦漢間。初運也。北魏時。二運也。隋唐季。三運也。有清一代。經貽穀經營漸次墾闢。而功未竟然亦可謂四運也。民國肇造。如能興治。亦一轉運之機。考河套本新秦中地。漢初入匈奴。武帝元朔二年收其地。置朔方郡徙民十萬以實之。朔方之北。依秦九原郡改置五原郡盧芳之亂。竊據邊郡。光武中興。始置并州以領之。靈帝末。羌胡大擾五原郡流徙分散。建安十八年省并州入冀州二十年始集塞下荒地。郡置一縣。領其民。合爲新興郡僑治太原界。迨至西晉爲前後趙前後秦地。及赫連夏地。石勒并朔方兼置朔州義熙九年赫連勃勃於朔方北築城都焉。河套五原郡漢末沒於匈奴。苻秦得其地。亦爲五原郡後爲赫連夏所據。及至北魏依山黃河南遷。故道名曰烏加河河套之名。自此始。屬朔州之太安附化二郡。大河以南。爲東夏州之朔方郡要以榆林之故。豐州當之。隋開皇五年。始置豐州大業初改爲五原郡此五原在隋所以有豐州之名也。至唐烏加河北。爲中西受降城烏加河南爲豐州九原郡大河南杭旗地爲宥州寧朔郡（考唐以鹽州所改之五原在今之陝西界內去古五原千有餘里未能與隋之五原混而爲一既移五原之名於鹽州故將豐州復秦九原之名曰九原郡此唐之五原所以不與隋之五原同地也漢之五原在北河之北隋五原唐九原在北河之南此又治所[illegible]同也）唐末分入五代遼夏。烏加河北爲遼之雲內州烏加河南爲季夏所有。宋金時北境爲豐州南境仍爲季夏所有。元併夏金以其地併爲夏州河套內地初屬中興等路後廢屬寧夏路明屬蒙古。仍爲寧夏路清乾隆以後。爲山西薩拉齊廳光緒以後。改爲山西五原廳民國以還。改廳爲縣。屬於綏遠特別區

第三章　山川

疆域有變更。山川無改移。塞北之山。以陰山爲鼻祖。一曰大青山又曰大斤山秦山其實卽陰山也。接長白山興安嶺之餘脈。橫亘綏區武川歸綏薩拉齊縣包頭設治局屬內後口子爲中斷。落點之處、又分脈爲二。一循五原北境。以達甘肅賀蘭山循河東徂障蔽大漠。以趨遼海古稱爲北幹者也。在五原境內。名曰烏拉山一循五原東南至西

山嘴爲止。名曰磨爾根嶺又曰烏拉前山其實均名曰陰山也。河套以陰山爲幹。川以黃河爲經。陰山之在五原河套境內。隨地異名西北狼山最大。俗稱兩狼山。又名狼居胥山東西延長四百二十里。東南烏拉山亦大。由包頭設治局屬崑都崙口起點。東西有二百七十餘里。狼山即古之陽山烏拉前山即古之牛頭朝那又曰麼爾根嶺又曰阿爾布坦山在崑都崙河發源爲居延山當包頭設治局五原固陽縣三界之間。水經注。黃河自臨河縣。東經陽山南漢書注曰。陽山在河北。即今五原之西境狼山也。又牛頭牟唐景隆中張仁愿。在山北置烽堠一千八百所。自是突厥不敢度山以爭。即今之烏拉前山西山嘴是也。（烏拉前山又名曰斷頭山）

黃河源出星宿海西。巴顏喀喇山之東麓。自入歸德堡邊。始名黃河由歸德堡邊。凡三大折流四百里。經積石關入河州界。東北由蘭州經甘肅平羅縣出邊。循鄂托克旗以達五原之角渠（五角渠即今之烏加河也）岐分兩派。一派南流爲黃河之新道所謂南河是也。一派即烏加河爲黃河之舊道。宛如弓形。所謂北河是也。自南河以南長城以北。俗名曰大套。自南河以北。北河以南。俗名曰後套。卽古之河套也。河流西自磴口入套。東自西山嘴出套。流繞五原境者六百餘里。凡納二水。曰佘太河。曰烏爾圖河。佘太河源出敖西喜山。西流會蘇爾哲河。注於河。其地在烏拉特三公旗北八十里。有舍特河。卽佘太河也。至烏爾圖河。源出雪山。西南流注於河。其地在烏拉特三公旗北一百里。按河套之山川。爲西北最優之點。今詳爲述之。藉供有志西北者之參考也。

第四章　古蹟

河套古之名區也。自漢以來。古蹟甚多。當明之世。淪於蒙古。或燬滅無存。或譯音變更。乏韻士之歌詠。無太史之紀錄。年遠代湮。是存而不存矣。今予以知者紀之。考者載之。不過拾遺而已。

長城　長城在世界上。與西伯利亞蘇尼士河比衡。爲三大巨工之一。在河套有南北之築。趙武靈王築長城。自代並陰山下。秦始皇三十三年。北逐匈奴。自楡中並河以東屬之陰山。土色皆紫。故今有紫塞之稱。隋之長城名曰通漠。開皇元年四月。發稽胡修築長城。五年使司農少卿崔仲方。發丁三萬。抵朔方。大業三年七月。發丁男百萬。築長城踰榆林至紫河四年七月。發丁六十萬。築長城自榆谷而東。陰山之長城遺跡無存。是長城爲歷代所建築。而秦政獨享其名也。

統萬城　即赫連夏故都。義興九年赫連勃勃築於朔方水北。黑水之南。在河套南鄂爾多斯右翼界內。甯條梁之北。後改名橫都城。宋元嘉初。勃勃名其四門。東曰招魏。南曰朝宋。西曰服涼。北曰平朔。有清道光二十五年。榆林知府徐松檄懷遠縣知縣何丙勳。確查統萬城之故址。於是携南針隨步定向。從縣城之圁水西渡。出邊墻又西渡磨菇河又西渡西水河又西渡無定河地勢邐而高。曼陀二里許。至舊相傳之白土城細加相度。在懷遠城正西九十七里。至於古黑水（黑水河在無定河東距懷遠縣城五十里有渟泥河東入無定河之下流）其地有土圍三重。俱用土築。渡無定河西行二里，進頭道城。又西半里進二道城。又數十武進三道城頭二道城。內僅餘瓦礫。已無遺址之存。惟三道城內南面。西隅鐘樓。東隅鼓樓。只存基址。堅築白土墩高六丈。無級可乘。鐘樓尙堪登眺。高約十二丈。白土築城。鷄籠頂式。大廈一間。半懸鐘。屋頂形跡宛然。周圍飛欄八層。揷椽孔穴歷歷可數。尙有三四孔松椽半爤。係蒙古人猱升拔而薪之矣。南面列土墩七。堅硬如石。似係樓台之基。北頭有白土坡似係宮殿之基。北城東西兩角。亦有土墩。當卽俗所謂轉角樓者。內城東西不及一里。南北約一里。考其城在河套五原河南之西南。今已傾圮無人憑弔。據土人言及每朔望昧爽時。空中輒現城闕之形。無定河斜絡城南。轉抱東城。而東北流懷遠以北。別無故城基址。此必統萬城無疑矣。

九原故城　在今之河套五原東界烏拉特三公旗北。與固陽縣界毘連。漢武帝元朔二年所築。

鷄延城　卽居延之轉音。在九原城之左。

郞君城　在九原城之右。

五原故城　漢光武建五原郡。徙其吏人置河東。與九原故城西北接對。確在陰山之北。今之五原東北。明統志謂在陝西神木則大誤矣。

臨沃故城　東漢所建。河水東過臨沃縣南。注石門（卽今之崑都崙溝）水自石門障東南流經臨沃城以地理考之。在今之五原縣西南。以現在地理考之。當在烏拉前山分線處迤西。包頭設治局界內也。

宜梁故城　在河套烏加河之東北。與九原故城西界一山之陽。河水自西安陽東經田辟城南。又東經宜梁縣故城南闞駰在五原西南六里。又名曰石崖城

朔方故城　朔方城在今之五原縣東北。烏加河之南。謂之什賁漢時所建。

西安陽故城　距朔方城烏加河一河之陽。在今之五原縣東北。河水經朔方東北屈南。

成宜故城　在宜梁西安陽之間。濱近烏加河北岸。去五原西部塞八十里。

河目故城　在烏加河北岸。與今之五原縣對接。河水自陽山南。南屈經河目縣左。

稒陽故城　在五原郡東。今已劃入固陽縣境內。固陽縣命名亦取於此。以地理考之。在今之崑都崙溝北白彥溝迤北之間也。

臨河故城　即朔方故城今之五原縣烏加河西岸狼山南。與高闕塞相近。河水自高闕南。又東經臨河縣故城。西行五百里。分爲二歧。一爲南河。其一分流至套外之阿爾布坦山南。迤西爲大泊。俗稱騰格里腦兒。即古之屠申澤也。屠申澤在烏加河上流。爲古之黃河故道。今已沙壓湮沒無跡。所謂北河是也。西漢有兩臨河之建。城則僅一也。

臨戎故城　在黃河南。今之五原西南。漢末時廢圮之。又曰賀葛眞城。嘔把湖在其右也。

渠搜故城　在朔方故城之東南。

廣牧故城　在烏拉前山黃河之南。今之五原縣東南東勝縣境內。

蘇武城　相傳漢武帝時。武出使被留居此城。牧羊受辱之處。其城在五原縣黃河東岸。歸綏有其一。不知孰是。然按子卿被留時。在霍去病斥逐匈奴之後。陰山一帶已無虜跡。何又被留。相傳如是。姑存疑問。

李陵碑　在五原縣西北境狼山麓下。

中受降城　在五原縣境。烏加河北岸陰山之南。張仁愿所築。城內有拂雲堆祠。今已遺跡無存。

西受降城　在中受降城西。距五原豐州故城西北八十里。有李華三城韓公廟碑。元和八年。黃河泛溢。南城均燬壞。今更無存。

新受降城　在西受降城東中受降城西。唐開元中。張說築。北有雕鶘泉。

雲內州故城　在五原縣北。

豐州故城　豐州故城有二。在五原者爲隋之豐州城。在五原縣河套內。

天德軍城　在中降城西北二百里。唐天寶中所建。

大同故城　在天德軍城西南三里。隋時所築。

廢宥州　在黃河之南。杭錦旗界內。

河陰故城　在烏拉前後山之間。漢時所置。

敬本故城　在中受降城北。壕塹深峻。可以守。按以賈躭地理求之。想是九原郡城。趙武靈欲從九原直南襲秦。卽此地也。

范夫人城　在五原黃河北岸。漢將所築。應劭曰。范夫人漢將妻也。徵和三年。李廣利出五原塞。匈奴要擊廣利於夫羊句山陿。廣利擊破之。乘勝追匈奴。北至范夫人城。

黑城　在五原縣之黃河北岸。

成吉思汗墓　在五原河套之南。鄂爾多斯境內。七旗立有鄂博。設達爾哈特五百戶。承辦祭祀。並派札薩克一員。專司其事。因以成吉思汗於歲次丁亥七月十二日歿於圖爾默格依城。於是以輦奉柩至所卜久安之地。因不能請出金身。遂造長陵。共仰庇護於彼處。立白屋八間。在阿勒坦山陰哈岱山陽之大諤特克地方。建立陵寢。號爲索多博克達成吉思汗。自後元裔之襲汗號者。率即位於八白屋前。鄂爾多斯者。乃爲汗守禦八白屋之人。故以得名。至今每年夏歷七月。於鄂博行驟馬大會。西二盟王公羣趨之。如有會議事項。亦於是會議決行之。名曰乃金合洛會。殺牲賽神以祭之。有謂元太祖葬地在楡林邊外極西北。地名察罕額爾格譯語察罕白也。額爾格帳房也。亦與八白屋義合。地學雜誌張相文著成吉思汗陵寢辨證。記載最詳。

伊克昭　伊克者。蒙語大也。昭。廟也。今譯昭爲召。訛也。在鄂爾多斯境內。因成吉思汗園寢得名。七旗亦奉之爲盟。言其大也。

板禪昭　在五原縣西境。永濟渠下游。

福音寺　在五原縣境東大佘太村西北。依山而建。

古獨個爾昭　在五原縣境西協成地南。

梅令廟　在五原縣西距縣城二十里。

大梅令廟　在五原縣西蔓會村教堂地。烏加河東岸。

甲蹬壩昭　在東公中教堂地之北。

楊家河昭　在黃特勞亥河之東。王文祥牛犋之西。其北尙有一也。

德成渠昭　在吳祥地天德毓東西之間。

剛目昭　在忠義西之北。祥太魁之南。

狼山昭　在烏加河北岸。狼山東皮房之西。

常興堂昭　在曹四喜渠北。

義和渠昭　在田大人地東。一在把總地內。一在北牛犋之東北。

老郭河昭　在白家太營東。一在阜恆興之北。

塔布河昭　在姚家河頭之北。塔布河南岸。

第五章　要隘

河套居於綏遠之西。當中路之要衝。南扼陝晉北控庫蒙爲包頭西鄙之屏蔽。今將關於要隘地點。分晰列述。以備軍事之參攷。

河套　河套古名區也。居五原縣之全境。三面跨河。東北臨山。佔鄂爾多斯伊克昭盟之北。烏蘭察布盟之西南境。形勢雄坦。地理寬廣。誠爲西北要隘之重點。亦爲古今用兵扼要之區也。

楡溪塞　秦郤匈奴於河套樹楡爲塞。

楡林關　在鄂爾多斯之南。忽洛池之間。五原城東。

光祿塞　在五原縣陰山之北。北假之東。秦漢時號爲絕塞

鷄鹿塞　在五原縣西境。烏加河西岸。屠申澤卽騰格腦兒。後漢永元初竇憲出鷄鹿塞卽是處也。

石門障　石門障在大靑山陰山烏拉前後山斷峽分綫處。烏拉前山卽牛頭朝那山一名曰雲迦關。現名崑都崙溝。又名光祿塞。原名石門子。卽今之後口子也。漢時築支就城頭曼城虖河城宿虜城稒陽城（稒作固今固陽縣卽取義於此卽王莽之固陰）以爲障。秦孝公十一年。衛鞅圍魏降之。漢亦至稒陽塞。卽是處也。當五原固陽包頭三交界之要衝。民國二年。蒙匪橫行河套國軍據有此險以敗之。佔地勢優勝也。以西皆北假也。秦始皇三十三年。

使蒙恬渡河取高闕陽山北假中。築亭障以逐匈奴。漢元帝初元五年。罷北假田官。王莽傳。五原北假膏壤殖穀。遺兵屯田。卽北假是也。陽山在河北陰山之南。似在古之河目縣。然以漢書地理志考之。應在東部都尉治下。北假者。以地假於貧民使墾種也。

佘太河　發源處。爲敖西喜山。爲陰山南北之要衝。由石汗口海流兎口流入於套。

哈達門溝　俗稱謂之牧虎關。在牛朝那山。由大佘太台梁逕南官井梁以通前山之荷葉薩齊。亦要隘也。相傳高旺曾過此關。施有黃風術。以致迄今台梁終年風沙不息。想係高熲用兵之地。年遠代湮。遂以訛傳訛也。

西山嘴　西山嘴當烏拉前山之點。卽北假之區也。南濱黃河。爲前山入套之咽喉。唐景隆中張仁愿築三受降城於牛頭牟那山北。置烽堠千八百所。自是突厥不敢度山放牧。減鎮兵數萬人。牛頭朝那山之名。則不免譌也。永淳初突厥入寇豐州。州將崔智辯與戰敗績。卽此處也。

大佘太　大佘太在五原縣東境。爲烏拉後山入套之要隘。當五原縣東境屏蔽。關係全套要隘。爲軍事上必爭之地。民國二年蒙匪內犯。晉軍敗績。精華焚燬殆盡。至今元氣尙未復也。

莫倫河口　在大佘太西。山勢雄厚。與什拉葫蘆素山水大壩對峙。爲民國二年晉軍與蒙匪戰爭之區。

烏補勒口　在五原縣東北境。通外蒙賽音諾顏之要路。

烏吉蒙太口　在陰山東北。爲外蒙入境之要隘。

烏藍石太口　在五原縣東北通外蒙要口。

海流木心口　在陰山正北。通烏拉特後旗貝勒府。郎中公旗。一曰東大公旗之要道。

馬相口　在五原縣北境。通外蒙之要隘。

烏藍腦包　烏藍腦包爲五原縣北境重鎭。距縣城五十里。爲通事行與蒙人交易之所。民國二年蒙匪內犯後。晉軍團長趙守鈺築營以扼守。民國四年盧占魁又盤踞是地。其險要可知。

韓烏拉口　韓烏拉口。在狼山之東。外蒙庫倫來往之要道。

馬盖息便口　在狼山之東。正北越中公旗界。以達察汗泊迤北察汗鄂博

慶打口　在五原縣西北。通中公旗之要口。

馬池口　在狼山之北。通察汗泊

胡蘆斯兎口　在狼山之北。形勢險要。民國二年晉軍與蒙匪戰。遇伏敗績。卽是處也。

什盖記口　在狼山口東。亦險要之區。

狼山口　在狼山正北。五原縣西北。山勢層巒疊嶂。爲用兵險要之地。

東禊盖口　在狼山口之西。

烏盖口　在蹬金烏加河正北。通木納山之要隘。

烏盖柏爾口　在五原縣西北境。狼山口之西。通木納山以達格拉山之要隘。

門他口　在黃羊木頭之北。直達塔起勒克圖鄂博之要隘。

什凉口　在蹬金之西北。北可抵哈珀察齊泉

大壩圖口　烏拉山之西。點經西喇木倫河以抵察汗和砍山。

高闕塞　在狼山口之西。蒙古游牧記。卽所謂綽農陀羅海者也。其口正當黃河北流折東處。兩山對峙。有若門然。中間一路通新疆。較他路近二千餘里。古高闕或卽是歟。

按以游牧記考之。當在套西。按以形勢論之。應在石門障也。

大同川　大同川在中受降城西。卽狼山灣也。所謂大同川指今之大同則誤矣。

水道要隘　河套北有陰山之險。南有黃河之恃。其黃河之要隘。則西起磴口東至蘇台廟又東至黃家灣又東至馬密兎又東至惠德成又東至同興堂又東至白二渡口又東卽出套以達包頭南海子矣。

第六章　建置

邊郡之設。莫古於漢。雖迭經變遷。而形勢依然。今將歷代建置。關於五原河套者詳列之。

（戰國）　河套屬趙。武靈王破原陽以爲騎邑。秦幷天下。郤匈奴樹榆爲塞。三十五年除道九原抵雲陽。塹山堙谷以通之。

（漢）　河套本新秦中地。漢初入匈奴。武帝元朔二年。收其地。置朔方郡。使校尉蘇建築朔方城。領縣十。在河套者七。在套西者三。曰朔方曰修都曰臨河曰呼遒曰窳渾曰渠搜曰沃埜曰廣牧曰臨戎。又以九原郡改爲五原郡。設東部都尉治。擴充縣十六。曰。

九原曰固陵曰五原曰臨沃曰河陰曰蒲澤曰南興曰武都曰宜梁曰曼柏曰成宜曰稒陽曰莫䵣曰西安陽曰河目曰文國盧芳亂後。光武中興。始置幷州以領之。遂將五原郡之固陵蒲津南興稒陽莫䵣河目六縣。另隸他郡。朔方郡之修都臨河呼遒窳渾渠搜五縣。而以西河之大城縣隸之。靈帝末羌胡大擾。流徙分散。建安三年始集塞下荒地。郡置一縣。領其民合爲新興郡。僑治太原

（晉） 晉幷治晉陽。領郡九。五原郡爲九郡之一。建武入朔方。永和五年徙治五原。永建四年。復故新興郡。魏武分太原地。置治九原縣。石勒幷朔方。永嘉中劉衞辰據之。義興九年。赫連勃勃在朔方水北黑水之南。築城曰統萬。建都焉。

（北魏） 魏初都盛樂。後沒於秦。道武興。以陘北爲畿內地。五原置朔州。延和二年置爲鎮。後改爲懷朔。孝昌中改爲朔州。領郡五。爲太平大安二郡。其附化郡之附化息澤二縣南境隸東夏州之朔方郡。河套於是荒棄。

（隋） 隋仍爲五原郡。開皇五年。置豐州。五原郡依然統縣三。曰九原曰永豐曰安化仁壽元年。置總管府。大業元年府廢。七年爲五原郡。義寧元年。太守張遜奏改歸順郡。

煬帝廢州。仍爲五原郡。

（唐）唐初仍沿州制。以豐州轄漢民。乃別置羈縻州。以轄蕃戶。九原郡設都督府省。安化屬縣二。曰九原曰永豐長安二十六年。還所遷胡戶置宥州永徽初置燕然都護府。領狼山等羈縻府州共二十有七。德初又改爲單于大都護府。垂拱二年。罷鎮守使。開元二年復曰單于大都護府。十年置中東西三受降城徙治安北大都護府於豐勝二州之境。天寶初改九原郡。安北單于二都護。並屬於朔方郡。

（宋）宋攻契丹。得豐州後沒於西夏徙治府州。地名。曰寧豐

（遼）太祖神册元年。破唐置代北雲朔招討司。後改雲內州。隸西京道領柔服寧人二縣。漸成井邑。乃以國族爲天德軍節度使。富民振武二縣。並屬豐州

（金）金取遼地。升豐州爲總管府。置天德尹後並隸西京路寧人入柔服增設雲川縣。而西夏地如故。皇統九年升爲天德總管府。置西北路招討司。以天德尹兼領之。

（元）元併夏金。仍爲雲內州屬大同路原初屬西夏中興等路。後廢屬寧夏路。

（明）明初置東勝衛不久亦廢。入於蒙古鄂爾多斯暨烏拉特部。終明之世皆不內

屬。

(清) 清天聰八年。征服蒙古。乾隆六年設歸綏道薩拉齊廳以隸之。光緒二十九年。設五原廳駐包鎭遙制之。

(民國) 民國元年歸綏道改歸綏觀察使。五原廳改爲縣。三年改綏遠道以轄之。

第七章 設治

河套地方當明之時。爲蒙古所據。終世不屬内封。及至有清入關。定鼎以後。天聰八年。太宗征服察哈爾。土默特部衆悉降。河套蒙古各旗相繼來庭。遂增設協理通判分管之。乾隆四年。始有薩拉齊協理通判之設。遙制河套二十五年。改爲理事通判廳。二十七年改通判爲同知。光緒十年改爲撫民廳兼理事。廿九年山西巡撫吳廷斌奏以邊外地方民繁。非設官分治。無以爲綏邊弭患之謀。長治久安之計。加以各處蒙漢錯居。民教雜處。墾務議創。百廢待興。現既將界址勘有端緒。自非遴委熟悉邊情之員。先行署理。無以收人地相維之效云。遂析歸綏道屬薩拉齊廳治三百六十里之大佘太附益以達拉特旗杭錦旗烏拉特中西東三公旗地。置五原廳撫民同知理事銜。移山西汾州府同知一缺。駐於包頭鎮。以姚學鏡爲五原廳同知。其境界以包頭鎮西門外五里腦包爲起點。此爲河套設官之始。然在包遙制。人民仍復依然無所倚賴。嗣改議於隆興長皆未果。僑治包頭。不過稍有形勢而已。迨至三十年。又劃五原廳鄂爾多斯郡王旗地。添設東勝廳撫民通判。移山西汾州府磧口通判一缺。駐包治理。是包頭鎮仍屬於薩拉齊廳。而於鎮內有兩廳公署之組織。權限混淆。民苦不便。旋又改章。有距新廳治遠舊廳治近者。則仍歸舊廳管轄。以從民便。而糾紛愈甚。又三十三年山西巡撫恩壽等會奏略云。竊照前准西盟墾務大臣貽穀咨光緒三十一年三月初九日奏。請將伊克昭盟郡札兩旗。改歸五原廳管理一摺。奉硃批著山西陝西巡撫會同妥議具奏。欽此。當經會商酌辦。查郡王札薩克兩旗。地勢迤邐相連。在河套以南。伊克昭盟鄂爾多斯部內。左爲準噶爾旗。右爲烏審旗。與陝之榆林府接壤。郡旗寄民約七八千家。札旗寄民約千餘家。兩旗放墾之地。均在南境。至沂雞圖溝而上。溝以南自康熙雍正至光緒年間。迭次展界地畝。俗稱新舊牌子地。其南界悉接邊墻。從前墾務未興。該旗地私墾人民。遇有詞訟命盜案件。每以距何處爲近。即赴何處呈訴。如兩旗迤南。則赴陝之神木府谷兩縣。迤北則赴晉之薩廳。近則草萊日闢。負來者絡繹於途。三公杭達等旗。既已設官分治。該兩旗事同一律。自未便任其無所歸宿。墾務大臣前奏。所以請隸五原廳者。誠因時制宜之計。因五原幅員本廣。若益以此兩旗之地。終慮鞭長莫及。茲查郡王旗之坂柔濠（後改置羊場濠）地方。背負黃河。西鄰大口。爲兩旗適中平衍之區。擬於其處增設廳治。撫民理事通判一員。就墾界劃疆而理。新舊牌子迤南。一切命盜訟案。久向秦邊控訴者。仍歸陝省治理。迤北則統歸新廳管轄。此地在前明爲東勝城。卽名曰東勝廳。此五原劃治之所由來也。民國以還。元年命歸綏道爲觀察使。廳改爲縣。同知改爲知事。裁大佘太巡檢。以節經費。二年與山西劃分。設特別行政區。裁觀察使置民政廳管轄之。此爲劃疆分治之始。三年將軍改爲都統。增設綏遠道道尹。五原縣依仍其舊。四年築城於隆興長。遷治焉。以烏拉特三公旗地及右翼後旗與左翼後旗之西境隸之。又綏遠道尹詳以據五原縣詳覆。遵查職縣。東界薩縣。西界甘肅平羅縣。南界陝邊。北界大漠。袤延千餘里。縱橫六七百里。耳目難周。控制匪易。縣屬大佘太地方。爲南北之要衝。外蒙出入之門戶。又有躧金地。西接寧夏三百餘里。南連陝邊。北至狠山東至隆興長亦二百里。形勢扼要。非僅爲甘陝之大道。亦外蒙出入之要津。擬請各設縣佐一員。以資佐理等情。查該縣轄境遼闊。向係寄至包頭商民望治。庶政未興。重以前年蒙匪內犯。該縣適當其衝。地方精華蹂躪殆盡。盜賊充斥。比戶流亡。現雖飭移本治。然撫循亦有難周。縣佐之設。實較他縣爲尤亟。其大佘太及躔金兩處。一居該縣東北。爲外蒙出入之要津。一居縣之西南。爲甘陝交通之大道。形勢均關重要。似均設有設置縣佐之必要。惟茲值國家財政困難。建設宜權輕重。躔金距縣治較遠。控制較大佘太更難。擬僅於該處設置縣佐一缺。正在進行。都統潘榘楹去任。又復中輟。八年析縣屬之烏拉特東中兩公旗地。別屬固陽設治局。（今己改縣）十二年又析烏拉特三公旗前山西山嘴及後山七分子以東。屬包頭設治局。十三年七月綏遠都統馬福祥又復注意五原四境。各擬添設縣佐。委派綏遠實業廳廳長兼墾務總辦段永新。前往勘查。予得隨往服務。遂建議割長濟渠地以東爲大佘太設治局。豐濟渠地以西強油房地方置臨河設治局。（卽漢時臨河縣之故址）以資治理。馬都統准如所請。並擬在西山嘴地方再添設縣佐一員。以補不足。一俟呈明政府。卽可實行。惟經費以原有西盟墾務分局裁撤。

所有經費七千餘元。藉資挹注補助。其不足一萬餘元。亦不難籌措。此五原現在改治之情形也。

第八章　墾殖

我國西北之實業墾殖爲先。不待智者而知矣。而墾殖良好之區。莫過於綏遠之河套有明以世。蒙人封閉自錮。利棄於野。及至清代末葉。一般地商與蒙旗訂立草約。任意私墾。遂致械鬥之風。殘殺之案。不一而足。官蒙亦無可如何。地遂以闢。陝山人民。亦由此日漸儔集耕種。然仍春出秋歸。未能臻於繁盛。此河套墾殖發端之大略也。光緒朝山西巡撫胡聘之奏請開辦墾地。事未果行。庚子拳匪之變。岑春煊由甘帶兵赴京勤王。路經河套注意開墾之謀。兩宮西巡回鑾。奏請貽穀爲西盟墾務督辦大臣。於二十九年着手進行。此公家開墾之大略也。溯西盟開辦之初。原議從烏蘭察布盟之烏拉特中東西三公旗着手。嗣因聯盟抵拒。費盡唇舌。而伊克昭盟之達拉特杭錦旗方克先後遣派蒙員接洽商議。乃於二十八年八月籌辦設局事宜。至二十九年六月始行開辦。先由杭達兩旗修渠招墾入手。次第擴充。三十一年歸化墾務總局裁撤。遂改包局爲總局。名曰西盟墾務總局。委任姚學鏡爲總辦。河套數設分局十餘處。以資辦理。當時貽穀大臣辦理墾政。對於蒙民恩威並施。規模大舉。不幸獲譴去官。以致功虧一簣。然爲西北開發利源之首創。其功固不可沒也。予於光緒三十年。先在河套辦理墾務六年。嗣後又在包頭辦墾三年。民國以還。服務綏遠墾務總局又五年。前後忽忽十餘載。感逝流光。耻名不立。惟於墾務情形。尚能知其梗概。今將關於河套一部分分晰言之。以備留心墾政者之參考焉。

達拉旗報墾之始末　達拉特旗報地。其別有二。一曰放墾地。卽四成補地是也。一曰永租地。卽現時包種征租之地是也。四成補地。報墾。因庚子賠教一案。欠欵甚鉅。該旗幾次籌償。尚欠尾數銀十七萬兩零。無力措交。擬以蒙地作抵。其時該教士欲得現銀。而不願留地。以致教案交涉。一時不能完結。遂由綏遠城將軍信恪。山西巡撫岑春煊。西盟墾務督辦貽穀。設法籌贖。招集公司。共湊銀十二萬兩。贖回達旗賠教地畝。其不足之數。仍由山西籌措應用。以濟蒙旗之急。而遂教士之心。一再與達拉特旗交涉。始而居奇。往復確商。始將薩拉齊南瀕臨黃河之四成生熟地一段。允交二千頃。每畝地價以七錢核算。招戶承領。共抵銀十四萬兩。規定之後。除應折扣河渠昭廟牛犋柳林不堪耕種之地外。儘數勘丈實丈淨地一千二百三十五頃。其不足之地。將河套長勝渠內黃瑙樓上下買不色八拜水道燕安河等處渠地報墾。所謂四成補地此爲西墾入手之基。並將長勝渠改名爲長濟渠此卽水利進行之開端着手之初。黃河漫漲。報墾之地。多被淹沒。招戶承領。稍有停滯。此項地畝荒價。計分四等。曰上地曰上次。曰中地曰中次。共放上地八百零八頃五十六畝九分。每頃價銀一百兩。合庫平銀八萬八百五十六兩九錢。共放上次地三十八頃二十三畝。每頃價銀九十五兩。合庫平銀三千六百三十一兩八錢五分。共放中地四百零四頃七十五畝五分。每頃價銀九十兩。合庫平銀三萬六千四百二十七兩九錢五分。共放中次地一百六十八頃四十四畝六分。每頃地價銀八十五兩。合庫平銀一萬四千三百一十七兩九錢一分。綜計四等地共放一千四百二十頃。合庫平銀十三萬五千二百三十四兩六錢一分。常年歲租併四等爲三。計上地每畝應征銀二分二厘。中地每畝應征銀一分八厘。下地每畝應征銀一分四厘。每年共應征銀二千八百一十二兩四分九厘。其領戶多係官戶。不善經營。以致渠道淤廢。地畝荒棄。民國以還。匪患頻仍。牛犋遷徙一空。滿目荒涼。一時不能振興。十一年間經綏遠墾務總辦段永新。爲補救農業起見。遂將常年歲租。以有青苗之地交納。其荒廢者豁免。藉示體恤招徠之意。呈由綏遠都統轉咨財政部核准在案。而一般地戶。多已散失內地。一時不能嘯集。將膏腴之地。任其荒廢。殊爲可惜。此河套四成補地墾殖今昔之情形也。永租者。由墾務局年年招種徵收租銀。其地租而不放。公家但爲蒙旗經理。地仍屬蒙。而不爲我有者也。報墾之初。係由達拉特旗遣派台吉巴咱爾格爾第到綏商辦。光緒二十九年四月間。巴咱爾格爾第呈請先儘長勝（改名長濟）纏金（改名永濟）兩處開渠墾放。其餘該旗各地段。聽候任便陸續開渠。渠水能到何處。地即放至何處之提議。貽穀大臣七月派員勘查。八月由達旗正式呈報。以永租地渠至何處。即將何處開墾。日後所得租銀。以七成歸公。三成歸旗。是爲達旗報墾永租地之始。然達旗之地。早爲地商私墾。如老郭（改名通濟）沙河義和豐濟剛目各渠地是也。蓋地隨渠爲轉移。無渠則地等同石田。是地爲達旗所有。而渠係地商所挖。故達旗雖將地畝報墾。而渠不得不由公家收回。方能着手。至三十年起。始將後套各渠勸導地商報效收回。而地商王同春在二十九年間。報出中和渠。由西南河岸起至東北杭達兩旗交界止。約長二十三里。又東北連接開渠約長二十三里。係與王在林韓鉞所開。王同春應有十分之五。嗣因無力。而又以陳四阻撓。是以不能再開。在達有地無渠。在杭有渠無地。倘開官渠。計當可省工三十餘里。固不無小補。若欲全行澆灌。非將剛目窩火兩河。循舊疏鑿。不克盡其地之所有。並將隆興長房院一所。車二輛。馬六匹。牛四頭。情願一併報效。此地商報墾之始也。公家接收之後。租銀計分四等。上上地每頃收租銀四十兩。上次地每頃收租銀三十兩。中次地每頃收租銀廿五兩。下地每頃收租銀二十兩。所收租銀以二成爲渠工。其餘分爲十分。以蒙得其三。公得其七。此公蒙初次規定之條件也。自公家收回。積極整理。每年可丈青苗兩千頃以外。綜計光緒三十年起至三十四年止。共征租銀二十一萬三千一百六十一萬九錢九分。至宣統年有加無已。而達旗竟欲收回自辦。經墊岫督辦商定。每年收回租銀。公蒙各半。迨至民國。以還政局變更。遂致渠地全行廢弛。所有貽督辦慘淡經營之功。百萬元渠工之費。一旦損失。前功盡棄。至今人士。莫不感嘆。及至元年公家無力興修渠道。改爲民戶包租。每年以兩千頃承墾。每頃以十五兩交租。共合庫平銀三萬兩。公家各得其半。渠歸租戶修挖。辦理數年。民力未逮。拖欠愈鉅。議者以散戶承包。致有經營失宜之誚。九年間又有蔡成勳都統使第一師旅長楊以來假借灌田公社。統包八渠永租地畝之後。一意貪圖私利。不顧全局。截至十一年積欠租欵十萬餘元。渠道廢壞無遺。經五原紳董王同春張厚田楊文林楊嗣殷崔國仁魏三槐王喆馬驥等呈請整頓。夏經綏遠墾務總辦段永新。呈明馬督辦。與灌田公社楊以來。一再交涉，始行收回。由五原地方人士組織匯源水利公司承包豐濟永濟剛目沙河義和五渠之地。其長濟塔布通濟三渠之地歸興農社承包。至各渠餘地由原地戶承租。並規定章程十七條。以資遵守。而河套水利經費已墾地。每頃應征銀一兩二錢。未墾地暨昭廟地。每頃應征銀三兩三錢。每年可收經費洋五千餘。本年遂設水利總局。以資整理。擬於十四年分起實行。此永租地現在辦法之改定也。

杭錦旗報墾之始末　杭錦旗報地之初。該旗貝子阿爾賓巴雅爾。遣派梅令棍布到綏議商。當由貽穀大臣飭令指報。而該旗札薩克憤棍布之擅行指報。中途反悔。經貽穀大臣一再嚴責。飭以奏參。札薩克始終拒抗不允。及議定仍由梅令棍布自行指交。仿照達拉特旗辦法。渠至何處。卽開至何處。札薩克益憤。於是咨呈理藩部將梅令棍布革職。報墾事更形堅持。貽穀大臣乃以違抗朝旨。搖動大局。奏參革去該札薩克之伊克昭盟盟長之職。該札薩克怵威求全。始將杭盖中東兩巴噶地段報墾。東北地界達拉特旗。西界王善舊渠。北南界黃河。仍言無論如何。總不能依照梅令棍布所報之地辦理。光緒三十年爲開辦之始。分爲四段。曰元亨利貞。共設四分局。屬於西盟總局。又續報兩巴噶之西界。王文祥耕種地之黃托勒盖河東畔地一段。東界藍鎖河。西界黃托勒盖河。南界黃河。北界達拉特旗地。內分渠地旱地兩種。所報兩次之地。共計東西長約二百七八十里。南北寬約七八十里。可放地四千餘頃。卽以四千頃計算。每頃以七十兩計之。共應征押荒銀二十八萬兩。嗣後改訂渠地爲五等。曰上地。曰上次。曰中。曰中次。曰下地。價與達旗同。惟下地每頃規定地價銀八十兩。嗣後續放之地。又改上地九十兩。上次八十五兩。中八十兩。中次七十五兩。下七十兩。旱地計分五等。上地每頃押荒銀五十兩。上次地四十兩。中地三十兩。中次地二十兩。下地十兩。綜計渠地共放地二千八百三十九頃五十畝二分。共應征銀二十五萬七千二百八十八兩九錢七分。旱地共放一千一百七十八頃五十三畝。共應征銀四萬七千九百八十三兩一錢三分。兩項總計地四千一十八頃三畝二分。共合庫平銀三十萬五千二百七十二兩一錢。常年歲租渠地。併爲三等。計分上中下。與達旗同。旱地亦分三等。上地每畝應征銀一分六厘。中地每畝應征銀一分二厘。下地每畝應征銀一分。以上兩項渠旱地畝。每年應征銀二千七百四十兩八錢一厘。惟所用渠道淤廢。此項地畝因之大受影響。墾務總辦段永新於十一年間。與達旗地畝同案呈請見青納租。民困稍蘇。然此項地畝。丈放最寬。夾荒餘荒甚多。如將來渠道疏濬。地方發達。則清丈可增三千頃以上。而昭廟地當杭錦旗報墾時。本定每廟每面撥給二里半。嗣於光緒三十一年間。規定大廟每面丈給五里。中廟四里。小廟二里。丈時連廟中心計算。復行規定昭廟之地。由公家代租。每年每頃給昭廟銀五兩。公家收渠租六兩。嗣又墾請收回自行經理。至今仍屬私墾。每年公家每頃僅收水利經費銀一兩二錢。現已撥歸水利總局經費。至戶口地自報墾後。租地一頃。給銀五兩。嗣以聯名懇請發還。以資養贍。擬定原戶口有地百頃者准給十分之二。有五十頃者准給十分之三。有二三十頃者准給十分之五。十頃內者按以八成。札薩克呈請以有戶口地者僅數十戶。倚賴牧廠爲生。懇請一律撥給。三十二年貽穀大臣。派員往勘。將沿河一帶廢地給作牧廠。自姚家寨子起。西至黃托勒亥河止。計長二百十五里。寬六里至二里不等。自劃撥以後。即將原戶地收回。蓋原戶口地多係膏腴之區。而沿河之地。均斥鹵之地也。現在蒙人牧廠。多在沿河一帶。藉以謀生。此杭錦旗報墾始末之狀況也。

烏拉特西公旗報墾之始末　河套地方。自杭達兩旗報墾。其東首尚有西公旗膏腴之地。其初堅不報墾。公家一再交涉。光緒三十二年八月間。始指報烏加河迤南什拉葫蘆素地一段。東至舊有山水壩爲界。南至什拉葫蘆素南大渠爲界。西以達拉特旗爲界。北以山水壩爲界。嗣又添報紅們圖地一段。彼時山水壩多已廢圮。烏加河水又復漫溢。非修挖渠壩。難資招放。且距大佘太甚近。地屬膏腴。三十三年間委派會辦元愷辦理。予初隨同勘丈。繼又委派專修渠壩工程。所放之地。共計分爲四等。曰上上地。每頃押荒銀一百二十兩。曰上地。每頃一百一十兩。曰中地。每頃押荒銀一百兩。曰下地。每頃押荒銀九十兩。共放地一千七百餘頃。合征庫平銀一十七萬九千餘兩。購地之主。多係官僚。無農業之經驗。以至今日地畝荒廢殆盡。而積欠荒價。尚在五萬餘兩。雖有丈青征收歲租體恤之明文。而地戶散漫他處。無從補救。按以歲租照以四成補地規定。現在公家雖擬將拖欠之戶撤回另放。而渠道一時未能疏濬。承領之戶。仍屬不甚踴躍。此西公旗報墾今昔之大略也。

第九章　水利

黃河之爲患於中國。盡人而知之矣。然在下流則爲患。在西北則有利。而且西北水利振興。則下流之患亦不難消除。此則世人所未知也。按黃河發源。在青海巴顏喀喇山脈間。星宿海爲起點。入甘肅西寧道境內。西寧卽古之西羌。又謂之湟中地。當青海入甘肅之孔道。正東經巴戎循化兩縣。順小積石山入蘭山導河經皋蘭縣北鎭遠橋曲折北流出長城過蘭州靖遠折而東流入寧夏道境內。復入長城經中衛金積靈武寧朔。又東折而東北流至寧夏出邊墻。以達平羅。卽入於河套所謂西套者也。計長一千三百里由賀蘭山阿拉善額魯特旗東麓北行。入綏遠五原縣之境。爲狼山所阻。向東流行由西山嘴經托克托縣會黑河折而南流。經清水河縣西。曲折南下。入山西陝西境。環繞鄂爾多斯旗之三面。南限邊城。稱曰河套。所謂黃河百害。惟利一套是也。其實河套一隅。專指五原縣境一部分。其他則謂之河西。非河套也。唐時。始興水利。貞元七年。開延化渠。引烏水入庫狄澤。溉田二百頃。爲水利提倡之始。永徽四年。置有陵陽渠。建中三年浚之。溉田置屯。尋棄之。有咸應永清二渠。貞元中。刺史李景略開溉田數百頃。嗣後歷代亦未注意。於是及至有清。始有地商私租蒙地。實行水利之經營。漸次發展。光緒末葉。由貽穀大臣。收回辦理。此水利歸入正軌之概略也。

河套之黃河故道。即今之烏加河。古之北河也。循狼山之南。跨烏達兩旗之間。迤西則隸杭錦。尋源溯委。緜亘七百餘里。河身現時僅寬二百餘丈。至二三十丈不等。形如弓背。的起點。在阿拉善額魯特旗之傅家灣。爲黃河之故口。而土崖斷續。新黃河不能流入。遂南遷。即今之黃河新流也。至準格爾教堂所挖借用渠身。不過三丈。當年河道由準格爾以北。地均平坦。不辨河身。七十里至納只亥。再由納只亥迤東。沙山橫亘。勢若長峯。寬長不等。高下懸殊。一百二十里至沙溝堰。再東在杭錦旗西巴噶土人呼爲岡岡午作河。蒙人呼爲老不更河。言其爲舊大河也。再東名可淖。仍爲沙山所壓。循北山根。河身分爲兩道。東行數里至義太魁。又由義太魁至梅令廟。或沙山積壓。橫亘河中。或土隴淤塞。深谷爲陵。河岸又多爲山水沖刷。缺殘斷續。由梅令廟迤東。岸宇整齊。河水尚可澆灌。再東一百九十里至紅們圖。河身均尚完整。由紅們圖百里至王柳壕。地極窪下。衆流所歸。俗名曰烏梁素海。淤平不明河身者。約十七八里。河勢寬泛。漫無際涯。然水匯於烏梁海。則不得出。黃河故道之利益。在於能受上游諸渠之水。轉輸於下游諸渠。爲河套諸渠之總幹。若不將此黃河故道疏濬。使全套血脈流通。則水利決不能達圓滿之目的。因黃河故道。地勢居高臨下。用水最易。若以現在新黃河而論。地勢居窪。使之北昂。必難灌溉。予於故道周歷測勘。經三月之久。始知關係之要。願我水利家注意修挖。勿稍忽之。河套之中。惟杭錦。達拉特兩旗。兼跨黃河處處依渠爲命。自河南徙之後。地愈廣衍。山陝人民。爭趨佃種。是以地爲私墾。渠亦私開。凡到河套種地者。甫經得地。先議開渠。支別派分。各私所有。往往一渠之成。時或需至數十年。欵或糜至十餘萬。父子相代。親友共營。而己成之渠。又必時有歲修。需款浩繁。所謂經營水利。良非易也。光緒十八年議者。擬於河套西之躔金開屯設官事未果行。光緒二十九年始完全收歸官有。私渠亦全行報效。惟民國以還大都廢弛。殊屬可惜。將來興復。非投資五百萬元。不能挽回而期永久。十二年春。馬都統委派予赴天津與潘馨航屈文六兩君接洽。設立公司。經營水利。予建議二十二條。擬以招股三百萬。爲河套水利宏大之組織。雖承贊許。繼又中輟。殊可惜也。

河套有大幹渠八。曰永濟曰剛目曰豐濟曰沙河曰義和曰通濟曰長濟曰塔布其塔布長濟永濟三渠開創之初。均係予所修。此次重游歷視。大都淤塞。以予六年風雨辛勞。一旦廢弛。不勝今昔之感。

一永濟渠　原名躔金渠。係地商永盛興錦和永等。於道光五年借貸達旗之欵。未能歸償。以地作抵。遂開此渠。由黃河起點東北。至補隆淖爾長一百八十里。至烏加河止。又開東中西三渠。暨樂善堂渠三十里。其形如彎。歸公後予得專司其事。另闢新口。自沙蛟循西大渠口以抵北稍。計長二萬三百六十七丈二尺五寸。又開枝渠六。曰樂字渠。原名樂善堂。計長四千八百二十五丈三尺。曰藍字渠自樂字渠起至圖林盖河止。

計長一百一十丈。曰永字渠原名西大渠計長三千三百四丈六尺。曰遠字渠原名中枝渠計長四千三百四十丈五尺。曰流字渠原名舊東渠計長八千八百五十六丈。曰長字渠原名新東渠計長六千二百八十九丈七尺。其永濟幹渠之病。因公中廟渠腰太軟。每年時有淹沒之患。而渠無專身。下游亦不免淤塞。今有王同春欲將長字渠劈成正身。渠稍入剛目境內之烏加河需費洋五萬元。如能告成。則永濟渠可一勞永逸。爲八大幹渠之最優者。

五原城基地辦理之始末。　查五原設治。始於光緒三十二年。爲達拉特旗未經報墾之地。貽穀大臣飭給地價五千兩。迄未發給久之始由墾欵項下借提銀一千四百兩交領。派員查勘該地應行劃留放墾。分別等則。以及澆水情形。並墾放章程。然未經核定頒行。此項城基地。於三十四年丈過八十餘頃。共征三成折色銀四百餘兩。七成本色麥子三百餘石。民國元年。交由地方官自行招放。因無人承領。暫照墾局租地章程辦理。又因不能借用義和渠水。租戶日漸減少。三年始由墾務代議招放。五年從復規定。可堪耕種者約五百頃。每頃以四十兩計之。可收荒價銀二萬兩之譜。房基地可售四十餘頃。每頃以四百兩勻算。約收荒價銀一萬六千餘兩。以上兩項共可收銀三萬六千餘兩。內除城墻四圍計長一千二百四十一丈八尺四寸。厚一丈六尺。墻內留路二丈。外城濠留沿寬二丈。共計二十丈三尺五寸。合地四頃三十七畝七厘。衙署地基長九十一丈三尺。寬六十六丈四尺。合地一頃一畝四厘。城內留南北路一道。寬四丈。長三百二十丈四尺五寸。合地二十一畝三分六厘。又東西路一道。寬四丈。長三百二十丈四尺五寸。合地廿一畝三分六厘。留高等小學校地基五十畝。初等小學校地基五十畝。留街巷地一頃。文廟地五十畝。武廟地五十畝。又街道由五原城南門隆興長橋頭止。長一千八十丈。寬二丈。計九十畝。其中曲巷臨時留九十畝。房基地分爲三等。上等每畝征收庫平銀六兩。中等每畝征收庫平銀四兩。下等征收庫平銀二兩。墾地分爲三等。上等每畝征收庫平銀六兩。中等每畝征收庫平銀四兩。下等地每畝征收庫平銀二兩。子枝各渠民戶自行修挖。房基地不分等則。每畝升科銀二分。由五原城南門起至隆興長橋頭。修築馬路一道。長一千八百丈。寬五丈。此規定城基之大略也。嗣以地勢高昂。無人承領。十二年又復減等。始行踴躍。現在未放之地。僅七號。王同春又挖新支渠一道。澆灌甚易。再能於城南多修枝渠。則城基不難普澆。附圖於左。

綜述一項河套之墾殖。係屬歸公者而言。現在達旗又將奇克穆地報墾約一千餘頃。尚未勘收丈放。其他私墾地。如大佘太台梁召廟戶口地以及教堂地。爲數在二萬頃以上。沿烏拉後山三公旗之牧廠及私墾地。爲數亦在萬頃以上。如能逐漸施設銳意進行。將來墾殖前途之發展。豈可限量哉。

一剛目河渠　一名剛毛又曰剛卯一曰剛門咸豐年間。商人賀清開濬。股分衆多。支渠林立。渠身甚長。渠口有新舊。自黃河起點至於烏攝古琴出稍。直達達拉特旗之察汗淖禿龍蓋等處。計新口長七百六十丈。爲王同春續開。舊口在黃芥濠長三千六百丈。兩口均流於正身。而舊口至新口交界處長四千丈。由正身至永盛和長二千六百丈。由永盛和至張存梅渠長一千七百丈。由張存梅渠至復隆長長二千一百丈。由復隆長渠至呂三渠長一千一百丈。由呂三渠至沙梁長一千丈。又由烏攝古琴渠至沙梁長二千三百丈。共計舊口至渠稍。計長一萬四千八百丈。查此渠之新口爲王同春集股開濬。坐落劉三地內。至舊口之東。距黃河正身四里。由黃河之西。北流有套河一道。斜向東南之水倒入新口。名曰倒灌口。各地戶均用此口。計長七百六十丈。公家收回。爲予友賈秉臣經營修挖。由色蓋地起至色蓋天生濠止。開生工一段。又自天生濠起迤東至舊剛目河止。又開生工一段。其枝渠十有其二。曰永盛和渠。因永盛和張雙駒天吉泰祥泰魁四號。共修之枝渠。澆灌賈家蓋地老大他拉地察汗淖地三段。計長九千丈。內有子渠十六。張存梅渠計長二千八百四十丈。內有子渠六。高喜四渠計長五千四百丈。內有子渠三。可澆色蓋地七十餘頃。曰周大存娃渠。又曰霍錫齡渠計長五千四百丈。內有子渠九。澆灌色蓋地。張樞休渠。計長四千七百丈。曰陳雙牛渠。計長三千二百丈。內有子渠二。澆灌色俊圖地。曰永厚成渠。又曰麻二渠。計長一千八百丈。內子渠八。澆灌紅頂甲格齊地。曰烏塊補隆渠。計長七百丈。曰同元成渠。計長一千九百丈。內子渠二。可澆地六十餘頃。曰李萬福渠。計長一千四百丈。內子渠二。可澆地六十餘頃。曰韓鉞渠。計長三千六百丈。澆灌哈木蘆庫倫賈家圪洞烏攝古琴之地。約百頃。曰呂三渠。計長三千四百七十丈。約可溉古獨棍地八十餘頃。曰白言太渠。又萬英渠。計長二千四百二十丈。內子渠三。可澆地七十頃。曰王步來渠。計長五百四十丈。

可澆小格廟丹把地十餘頃。曰康福祥渠。計長五千四百丈。可澆哈獨拐淖地二百餘頃。現在此渠多已淤廢。若再修復。約需工費在兩萬元之譜。始克通暢。並可澆地千頃上下。只視經營者之進行如何耳。

豐濟渠　原名中和渠又曰天吉泰渠。爲地商王同春韓鉞所開。計長一萬六千七百七十四丈。歸公後爲予友許藻卿接續修挖。由蟒盖圖至五分子加長二千三百四十丈一尺。其子渠有五。曰王在林渠。計長四百丈。並可借用罐火河水。澆灌水道他拉地三百餘頃。曰韓鉞渠計長一千五百八十丈。又東枝渠計長九百丈。又西枝渠計長九百三十丈。又中枝渠計長八百二十丈。共可澆地百餘頃。按以現在渠身完好。經營得宜。以河套水利言之。此渠佔八渠之冠。農民亦藉此有所依賴焉。

一沙河渠　原名永和渠亦係地商王同春所開。自黃河起至梅令廟止。計長一萬六千八百丈。而幹身又有恒河渠又曰爛大渠又名和合源大渠。爲王同春所開。自黃河起點北行至南牛犋永和渠東枝渠。計長一萬五千丈。歸公後統名曰沙河渠修理得法。迄今適用。且能引水入於義和渠。普灌他處之地。至和合源枝渠三道。一西太渠自沙河起至孟興德房西南止。計長一千九百八十三丈。一中渠自沙河起至哈拉噶爾濠止。計長二千二百四十丈。一東渠自沙河起至沙梁止。計長一千四十丈。十三年又由沙河開城渠由城北繞流城基地。可資灌溉。若能再於義和渠挖一枝渠。繞流城東南。則城基地五百頃。不難普澆矣。

一義和渠　係地商王同春所開。蜿蜒最長。自黃河起北行至錦繡堂北歧爲三枝。一東引通大盛成渠。一東北行通老郭渠。一北行爲本渠之正身。至舊把總地。又歧爲二。一東行通老郭渠。一北行經五原縣南隆興長通烏加河。計長一萬八千丈。自西公旗什拉葫蘆素報墾。即將此渠劃歸專渠。上游之地平口澆水。如水小不得已時。得在舊把總地築壩數日。以資灌溉。惟近年黃河南遷。舊口已不適用。另修新口。耗費三萬餘元。仍不通暢。十三年借用沙河之水。將來黃河若不北徙。此渠終難得益也。

一通濟渠　原名老郭渠。係地商郭敏修所開。在口曰四大股。在尾曰五大股。爲河套水利開始之大渠。自黃河起點至板担渠稍止。袤延二萬一千六百丈。爲河套八幹渠最長之渠。灌溉杭達兩旗地畝最多。而退水由烏加河澆溉下淖之地尤衆。分枝於短辮子河。通長濟渠係天生壕。計長七千二百丈。又自黃河口至白家渠口。計長一萬八百丈。內借用天生壕河甬四千五丈。其修挖之渠。計六千三百丈。此段乃郭敏修史老虎萬太公李達元四家公開。所謂四大股是也。又自白家渠口至板担渠稍止。計長一萬八百丈。係郭敏修獨開。所謂五大股是也。其枝渠有二十七。曰義成公四渠係地商陳四史老虎積厚堂三家合開。一枝在義成公南。一枝在義成公北。曰復太長二渠地商賀瑞雄所開。一南北渠自老郭河起至奔把圖壕止。計長一千一十三丈。一東西渠自義和渠起至王三房東北止。計長一千六百九丈。可澆地二百餘頃。爲當年王同春與陳四爭執澆水之要點。曰吉爾轡太三渠。一在村北。一在村西。在村北者引短辮子河之水。在村西者。一口兩稍。引四大股水用之。此項枝渠自老郭河起至柳林子東南止。計長九百三十五丈。曰高金科渠。又曰高蔡兩家河。又名蔡家渠。計長五千五百二十丈。曰李達元渠。計長二千九百二十丈。澆地二十餘頃。曰劉保小子三渠。又曰白家渠。又曰頭道渠三道渠四道渠。統計長五千二百丈。可澆地一百四十餘頃。曰鄭映斗二渠。又曰萬太公渠。又曰西大渠。計長一千八百丈。又八字渠計長七百八十丈。可澆地三千餘頃。曰史老虎八渠。又西北東南十字渠。自老郭河起至蔡家渠止。計長一千四百二十丈。又南北十字渠。自老郭河起至渠稍止。計長八百八十五丈。曰郭敏修三渠。係用短辮河之水。出於老郭河幹渠之外。公家收回。爲予友徐潤之所修。普灌地畝。於光緒三十年至宣統末年。嗣後稍有失修。亦尙可用。旋以黃河南遷。另闢新口。則日見失敗。及至灌田公社於民國九年包租。坐享其成。不加工作。遂將此良好之渠。全行廢壞。若再修復。非需工貲五萬餘元。難期澆灌也。

一長濟渠　原名長勝渠。地商侯應魁所開。借用塔布河上游之渠身。計長三萬六千丈。每年灌地不下千頃。而渠身多占高昂之地。惟曲灣太甚。時多淤阻。是一大病。改道他徙。又係低窪之區。所以迭次興修。而迭次受害也。計枝渠二十一。曰樊三喜五渠。可澆五十餘頃。又南大渠計長九百四十丈。東大渠計長四百七十丈。東小渠計長二百八十丈。北大渠計長一千九百五十丈。退水渠計長七百三十丈。曰楊賜忠三渠。可澆地一百餘頃。計長二千七百四十八丈。又人字渠計長二百三十七丈。又十字渠計長三百四十八丈。曰夏明堂三渠。可澆地七十餘頃。又西大渠計長二千三百四十丈。西北渠計長四百五十丈。喬相華四渠。可澆地二十餘頃。大渠計長一千八百丈。西大渠計長九百九十丈。十字渠計長三百六十丈。東渠計長三百三十丈。曰王存二渠。可澆地十餘頃。東渠計長一百八十丈。西渠計長九百丈。曰樊根來渠又曰西大渠計長一千五百丈。曰高金科三渠。西大渠計二千二百三十丈。東大渠計長一千二百六十丈。半截渠計長七百丈。歸公後。予修其上游。予友俞子信專修下游。詳細測勘。改修下淖之地。莫不得其利益。不意民國九年。自經灌田公社接辦包租後。未能投資興修。全行廢弛。十餘萬之工本辛勞。一旦全功盡棄。此渠若再興復。又須十餘萬元。始克有濟。河套辦理水利之難。於此可見一班矣。

一塔布河渠　塔布蒙語五數也。又曰五大股因地商樊三喜吉爾古廢夏明堂成順長高和娃合股所開。故曰五大股自黃河起點經布袋口循成順長至渠稍。計長一萬八千丈。內有枝渠二十一。曰樊根來五渠。又曰小東淖渠。計長四百三十丈。大東淖渠計長二百二十丈。董應魁渠。計長一百五十丈。北淖渠計長三百一十丈。大西淖渠。計長五百二十丈。曰陳駝羔四渠。可澆地五十餘頃。一名頭道西南大渠。計長七百三十丈。一名二道西南大渠。計長一千三百三十丈。一支渠計長二百三十丈。一名三家渠計長六百五十丈。曰張照七渠。可澆地二百餘頃。一塔布渠計長一千七百丈。交界渠計長五百七十丈。西大渠計長五百二十丈。成順長渠。計長二百三十丈。濠北渠計長二百五十丈。濠東大渠計長六百二十丈。濠東二渠計長三百二十丈。曰李安邦三渠。一小召東渠計長五十丈。一店東渠計長一百九十四丈。一龍家河畔渠計長二百五十丈。曰金長春渠。又名辛大渠。計長五百四十丈。曰姚章盖渠。一口兩稍。計長七百二十丈。可澆地百餘頃。此渠歸公後。予獨任修挖之責。費盡二年辛勞。耗資五萬餘元。始克告成。其渠身之良好。旱台之整齊。爲八大幹渠之冠。又於革佘村建築大橋。便利行旅。每年可澆千頃以上。此次親往履勘。全行廢壞。將來若再修挖。尚需工程費在六萬元之多。水利繼續之難。殊可慨也。

以上述河套八大幹渠之主腦。其他不可枚舉。如幹渠之藍鎖龍火河德成渠鄔家地渠阿善渠天德毓渠吳祥渠魏鳳山渠戶口地渠士默爾劉三地渠楊成祥渠廠汗波羅渠錦繡堂渠陳四渠十大股渠哈盖渠曹四喜渠常興堂渠王文祥渠在西界教堂渠。曰黃托羅亥渠黃羊木頭渠楊家河渠準格爾渠中國地渠蔓會渠在東界教堂渠。曰扒子補隆渠爲賠教之渠。亦爲予所修。在什拉胡蘆素地曰什拉葫蘆素渠紅們圖渠。介乾補隆渠霍祿素太渠。在蒙旗範圍內。一爲杭錦貝子渠一爲達旗戶口渠。綜計以上各渠。或爲公有。而爲公共興修。或係私渠。獨自經營。而公家由墾務經營者。則八大幹渠也。自十四年。劃歸水利總局管轄。督飭進行。然以綏區實業而言。以河套爲發展之地。而墾殖應以水利爲先務。是水利關乎西北之實業明矣。凡渠有幹渠。有枝渠。有子渠。是以幹統枝。以枝統子。方克勢成一局。自道咸迄今。百餘年。地商之創闢。光緒末葉。貽穀大臣擘劃之周詳。綜計前後耗用工程費在千萬元以上。其水利關係可知。不意近年。日見廢弛。一蹶不振。若不及早補救。挽已失之利源。則綏區實業前途。終恐無發展之期。並附渠圖於後。以資留意水利者之參攷焉。

按渠道。有幹枝子渠之分。又有地堰。以爲遏水澆地之用。並築壩以防水之冲刷與截水灌地之需。其工程有土坑土方之別。土坑者。係濬深之謂。土方者。係築高之稱。然每方均寬長一丈深一尺爲一方。然其中有背坑半背半丟以及全丟之別。背坑者。完全用草斗。謂之背斗。背土於渠背。半背半丟者。初出土用鍬鏟土於背。嗣用草斗背之。關內人有用籮筐者全丟者。用鍬掀土於渠外。背工多用於幹渠暨壩工。半背半丟多用於枝渠。丟工多用於子渠暨堰道。至渠背之合宜。旱台之整齊。則視監工者之經營如何耳。然以現時觀察。予不過稍得其皮毛。而確有經驗者屬王同春。張季直君在農商部時曾聘爲顧問查視黃河一週惟年近古稀。將來繼續深恐無人。此次與予談及河套之水利。意見相同。因河套地勢西南高。而東南低。北高又南低。中段又腰軟。時有渠身潰決之處。非將烏加河舊黃河故道修通。再由西山嘴王六濠修通退水。可期一勞永逸。而八大幹渠之工程。應以永濟渠爲急務。如能逐漸施設。則河套水利可臻完善。茲將永濟渠應修工程圖說附列於後。俾經營水利者有所攷鏡也。

第十章　商務

河套地方本無商務之可言。然商務不能發展原因。實與墾殖水利有聯帶之關係。何則。河套以農業爲要素。農業振興。商務勢必隨之起色。曩昔河套草萊未闢之先。係屬蒙人游牧之區。商人貿易。不過茶馬互市而已。嗣後外蒙時相往還。遂在大佘太設立通事行。藉資營業。自開墾後地戶遍設牛犋。包頭商人始有以貨物交易換購糧食牲畜羢毛皮張藥材以歸。仍無現金之營業。此種商人不過行商之名目。亦因交通不便。不敢正式設店。及至光緒末葉。墾務振興。正擬遷徙隆興長與五原縣城內。作永久之計。不意民國以還。初遭蒙匪之蹂躪。繼受盧亂之騷擾。以致大佘太商號焚燒殆盡。一時不能恢復。通事行改設於烏藍腦包。後距五原縣城僅五十里。日見起色。現成一重鎮焉。惟金融仍無現金來往。均用兌帖憑信赴包使取。防爲匪刦。然此項兌帖憑信。時有贗鼎之發生。地方使用不過八折。人民多受其害。近年雖有中交兩行暨豐業平市乾豐紙幣。充斥其間。多不肯周流。合計全縣現洋不過三千餘元。其商務困敝可知矣。

第十一章　農業

河套地方。素以農業爲要務。其農民之居處五原縣東界。多包頭鎮人。中區係山西之河曲保德陝西之府谷神木西鄙。多係甘肅漢回兩族之人。向視渠水澆地爲轉移。每年何處澆過。卽移於何處耕種。春出秋歸。謂之跑青。地方之不能發達。亦由於此。其原因有十(一)因地畝澆水無定。(二)因租戶檢其地質佳者耕種。故居無定所。(三)因不肯遷居建築。以圖久永。(四)因娶室困難。(五)因地面遼闊。人烟稀少。彼此觀望。不肯落業。(六)因村落散漫。無團結之能力。(七)因人心不古。不能有互相維持之精神。(八)因匪徒易於潛匿爲患。(九)無金融之機關。流通社會。銀錢交易。以及存儲事項。異常停滯。(十)因交通不便。輸運維艱。有此十大原因。遂使地方難期發展。而且現在弊政。又有四點。(其一)攤派繁重。每年若種一頃之地。則租價在三十五兩以上。人工籽種在三十兩之多。而保衛團之餉項。軍隊之支應。區事之耗用。又在五十兩。綜計約需一百二十兩左右。設遇荒歉。賠累堪虞。(其二)土匪爲患。河套地方。前清光緒末葉。尚有路不拾遺之稱。雖有康有爲富有票之煽惑。地方頗爲安謐。及至民國以來。逃勇潰兵。宵小無賴。一般不逞之徒。時有騷擾。隨撲隨滅。自盧占魁大股蹂躪後。又復收撫盤踞。旋又潰叛。遂將會匪餘孽。留於社會。一般社會中人。圖苟安計。不得不入會匪。以致今日蔓延不可收拾。(其三)吏治不良。河套地方農民。只知耕作。其他一無智識。全藉賢良縣知事。以資誘導。而官吏中多以括取金錢爲目的。對於地方整頓各事。毫無提倡之希望。人民謀業之心。多存猶豫。(其四)保衛不力。河套地方遼闊。全藉保衛得力。方能安謐。該處所駐軍隊。僅有駐防之名。彼所注意者不過保衛教堂暨機關而已。況地方之保衛團。又多係收撫之兵。當事者無駕馭之能力。農民曷能得其實際。是故一般農民。相率徙於教堂所在之地。以免攤派之累。且土匪之擾。教堂遂得從中居奇。種種挾制。不亟圖補救。非使河套盡成爲租界不已也。

河套農業專賴水利。水有數種之分。曰春水。消氷水也曰桃花水。三月水也熱水。四月水也曰伏水。三伏水也曰秋水。秋天之水也曰冬水。冬令之水也以伏水爲最佳。本年伏汛用水泡地。至秋將餘水放出收凍。次年地氣一開。酥如鷄糞。不用犂耕耙。一次卽可插耬撒籽。此種地可種麥籽。炒麥。莞豆各種夏禾。省工力而獲利多。是以農民爭租之。秋水較伏水爲次。可播種糜谷。高粱。葫麻。菜蔬。黍子。豆等。桃花水可種糜谷。熱水可種小糜谷。山藥。菜蔬等類。而菜蔬內白菜出產最良。以甘肅之種籽較勝於京種。其芝麻棉花予曾親爲耕種。收穫亦好。惜人不注意。再稻田於協成地試驗之。甲於甘陝所產。人亦不肯經營。良由在上者不能提倡之故。至春水多無人肯用。因起鹻之故。冬水亦然。惟冬水上結厚氷。用以拉渠。則勝於修挖。惜經營渠道者。每每只圖澆地。不知保養渠身也。若以地質言之。五原西界一帶多沙。再以黃河膠泥。摻和。尤爲適宜。所謂二和土。長性最良。沿河一帶多明沙與層積泥。且又地勢稍昂。澆水不如下稍。故每年田禾收成較遜。縣之中區膠性太大。每有地土揭皮打瓦之虞。（揭皮者因膠地爲日所晒而起裂打瓦者因地受雨水而裂塊）其地質相宜則屬於下淖。是以長濟塔布兩渠之地。枳棘草遍地。皆是形如樹林。地質肥壯。不問可知。至什拉葫蘆素係屬沃壤。惟用水仰給於各渠稍之退水。雖有義和專渠以資灌溉。渠路太遠。不敷應用。每年爭水之案。時有不免。總之河套農業。全視渠道修理如何。水能通暢。農業自不難發達。而包頭一帶之食糧。亦全藉河套爲之挹注耳。

第十二章　鑛質

河套地方。山有烏拉前後之分。而烏拉後山。即所謂陰山也。其山脈情形。已於第三章內言之矣。按以陰山中之狼山。即古之陽山。烏拉山。即古之牛頭朝那山。兩山之枝當黃河溢爲大泊處。爲阿爾布坦山。當石門障崑都崙河發源處。爲居延山。又名崑都崙麥喋山。當省嵬口防禦處。爲省嵬山。又有赤城山。又名烏蘭拜星山。東西德爾山。阿爾柴山馬神山木納山河套山雪山又名察蘇台山帷山又名額魯特山老虎山又名巴爾圖山鄂博圖喀喇山巴爾喀山碧栁圖山莫惇山麥垜山伊克鄂博山。皆在五原縣之北境。其他尚有音納祿山察汗呼燒山白音諾綠山克球山火燒山格郡山格拉山桃葉呼都克山鎖布落那呼都克山。所有山名。多係蒙譯之音。當佘太河北。有刻勒峯雪山之脈。南山谷內。松柏合抱。到處皆是。野獸亦多。惟屬於烏拉特西公旗營盤之北。嚴禁伐木獵獸。人民時有以酒或磚茶餌看山蒙古人。私行砍伐。但一經拿獲。則將所有充公。並鞭撻其人。驅逐山下。然利之所在。亦無法禁絕也。北山鑛苗最富。其已開採者。營盤灣烏蘭腦包狠山灣等處。所產煤炭。足供五原一帶之需。而成分稍遜於固陽石拐溝等鑛。因石性過大也。其他與固陽交界石門障之北。有石棉礦。惟苗長僅寸餘。不能供大工廠之原料。是一缺點。至天皮礦苗最富。到處皆是。較之歸綏縣境內所產。則優之。大佘太附近莫倫河溝內煤炭礦苗甚多。惜無人開採。河套鑛產不能發達之原因。實因人烟稀少。加以羊磚（羊磚即羊圈內糞積切塊晒乾以供燃料）牛糞柴草。足以供日需之用。煤炭不過機關與商號中用之。所以銷路狹窄。無人投資經營。將來交通便利。社會發達。則此項礦產必有開發之一日。而河套之利源。又豈可限量哉。

第十三章　牧畜

河套水草豐富爲牧畜最良之區。當草萊未闢之先。蒙漢雜居其間。莫不以牧畜爲生。氈帳林立隨地而居。其牲畜以羊爲大宗牛次之。馬次之。或專設牧場或公共畜牧。均以孳生爲恒產。羊毛之產。名曰套毛。春秋兩季。抓毛運於包頭銷售轉行於天津羊亦供包歸等處之食品。以牝羊計之。牧畜得宜。兩年可獲四羔。否則亦可得其三。惟肉不如外蒙扎合慶義和公等處之羊。皮亦遜之。惟道路較近。銷售尙易牧畜之家孳生均以三百爲羣。僱老少傭者。牧於水草豐茂之區。朝出晚歸。如爲蒙古人所牧。則任其於水草處設氈帳（所謂蒙古包）以牧。原主不過查視而已。牛多牧於蒙古。以五十爲羣惟種不良。非隨牧隨賣否則有牛瘟之傳染。一病而不可治。牛除供本地耕作之用餘售於包頭轉銷於歸化馬則西公旗所產最出名。走馬甚多。不過馬種愈傳愈下。以致馬體短小。體質薄弱。不能與甘肅西寧之馬種相頡頏也。光緒末葉地畝開墾後。牧畜之業。不如曩昔之蕃衍。加之近年土匪騷擾。軍隊勒索。所有牧養之家。損失甚鉅。以現在調查。

牧畜之戶十不及三。羢毛皮張價値之增。亦由於斯。將來若不設法改良。則河套之牧畜。從此失敗無可挽回矣。

第十四章　出產

河套出產最富。糧食則以麥籽。糜谷。高粱。葫蔴。爲大宗。多半由水路運輸於包頭出糶。其他羢毛皮張。大都爲洋行吸收。運於天津出口。野獸有掃雪貛狐狼鹿等類。而狼皮最優。鹿茸則不如關東之產。紅柳可砍伐製器。如筐條鞭桿之類。能行銷於山陝。而枳棘一種。近年爲外國所買。惟需工甚繁。取枳棘去其冗。得其中桿。扎成小捆。行銷天津。轉售日本。再由日本製成各種玩器。售於美國。獲利頗多。本處居民。僅知取桿爲箸。不能製器以獲利。藥材有黃芪。黨參。鎖陽。運銷內地。甘草以杭錦旗所產豐富。每年由商人設場採挖。對於勞働家。盤剝重利。對於蒙旗租金。稍爲點綴。卽可任意採挖。向來由水路運於托克托城貿易。每年不下二百餘船。自京綏火車抵包後。以交通關係。商人莫不改道包頭營業。托城商人在都統署力爭未果。事勢變遷。亦不能勉强挽回。托城市面因之一蹶不振。黃河南有杭錦旗鹽城湖。白鹽出產僅行銷於河西。而城質則優於他處。惟製造粗劣。僅能銷於五原包頭一帶。若能設立工廠。以改良製造。定可挽外溢之利權。肉蓯蓉甚多。不如阿拉善額魯特旗之美。現有宏豐公司在包收買。收分鹽淡兩種。河套只淡種。阿拉善者爲該公司包售。河套則隨意收回轉賣。究難收專售之効。將來交通便利。如有資本家投資擴充企業。則地方實業不難發展也。

第十五章　林業

河套地氣溫和。田多膏腴。對於植樹最爲適宜。而出產以烏拉前山內即牛頭那又曰磨爾根嶺歷代即有大森林之天然產。惟屬於烏拉特西公旗範圍內。從前松柏皆大數抱。自前清光緒初。綏遠將軍私伐之後。蒙控於京師。將軍被譴。遂致封錮。嗣以大火焚燒一月。古木盡爲祝融收盡。近年始復成林。任其生長。而禁採如故。每年輸出僅偷伐小樹而已。至五原縣境內。樹林寥寥無幾。自地歸墾後。公家委派專員植樹。各渠莫不遍栽。耗費數千金。因栽植不宜。保護不力。未能得收桑榆之效。繼續者亦未實力進行。以致林業一端。至今仍屬闕如。現僅五原縣暨大佘太等處稍見之。而收效者爲各教堂。皆用分畝種植插秧法。又復認眞澆灌。所以到處成林。地方人民。近亦稍知林業之利益。惟不知種植之法。羣多觀望。查河套地方栽植楊柳榆椿以及洋槐美國松。無不適宜。但須分畝種植。然後插秧壓條撒籽均可。惟須圍以土牆。俾免牲畜踏踐之虞。再加以渠水按時澆灌。則十年間河套之林業發展。可翹首而待矣。

第十六章　交通

河套佔綏區西部之平原。方圓數百里。東通包頭。西接甘寧。南鄰陝邊。北接庫蒙。中有黃河環繞於鄂爾多斯一帶。且由甘肅平羅以達包頭。可謂水陸之區。迤南沙梁有駝路之往來。陰山之南端。下烏蘭腦包。又為赴新伊暨庫倫以及賽音諾顏土謝圖車臣等部落之孔道。四通八達。道路紛岐。以包頭起點言之。西北門經公忽洞崑都崙溝進石門障沙壩子後口轉西循土哈馬井老爺廟圪坦至台梁烏蘭忽洞大佘太東地頭古力板撒拉伊肯補隆以達烏蘭腦包順狼山經東西皮房義太魁永成泰入阿拉善界抵甘肅平羅縣。謂之北路。又一歧由大佘太分路經東地頭入什拉葫蘆素山水壩。過二分子四櫃廠汗淖板旦黃瑙樓燕安河東牛犋隆興長十八圪圖五分子公中廟永成泰循阿拉善界以抵甘肅平羅縣謂之中路。又一歧由大佘太循西南烏審泰過烏加河經賈不色八拜水道大有功西槐木阿善鄔家地秀華堂强油房以達甘肅平羅謂之南路。其水路由包頭南海子西碾房昭君墳柳林子西山嘴白二渡口姚家河頭同興堂惠德成馬密圖黃家灣蘇台廟循石嘴子磴口以達甘肅平羅縣謂之水路。又一歧三湖灣河。由史家圪凸藍胡圪凸老馮圪凸蘇木圖安宏圪凸八掛車楊五套子長牙店柳林灘歸於黃河再由包頭柳林子過河經鄂爾多斯左翼後旗地循沙梁過才登海子圖爾班稻圖池喀喇馬奈打木素保爾斯太沿烏蘭莫多山以達甘肅平羅縣謂之南駝路。由烏蘭腦包出北口。經外蒙戈壁分馳庫倫新疆謂之北駝路。惟每值夏秋之際。河套渠水澆灌地畝。行旅時苦不便。多半改道北山。然宿無旅店。地方荒涼。匪徒時有搶掠之事。人多苦之。至水路船隻。而薄不堅。常有損沒之虞。運輸油斤。改用混沌運輸。木料。改用木筏。然以交通而論。終難往來自如。政府現有包新鉄路興修之議。將來由包頭西腦包接京包車綫循亂水泉麻池薩齊穿烏拉前山入哈打門溝折北經台梁大佘太烏蘭腦包出西套。以達甘肅蘭州則交通可稱便利。旅行與運輸。亦無阻塞之苦。再由烏蘭腦包修一枝路。以通庫倫不但西北內外蒙古有無窮之發展。對於軍事上之控制。亦有若干裨益也。

第十七章　文化

河套人民。大半由他處遷來。貧農佔其多數。除耕牧外。則無所事事。文化上毫無注意。各牛犋商號。不過有司賬之人而已。以致知識閉塞。世界大勢。國家情形。漠然無知。雖有一二私塾。亦不過爲冬烘先生之啖飯處。向學子弟。僅讀百家姓千字文三字經諸書。如能登記賬目。則目的已達。冬烘先生可謂責任盡矣。迨至前清庚子拳匪之後。教堂設立學校。此爲提倡文化之始。民國以還。五原創設高等小學一處。國民初等小學八處。女子初等小學校一處。稍具規模。仍不完善。而教堂神甫牧師。極力誘導。文化漸有進步。女學亦稍有起色。近年蒙旗子弟。亦剃髮入歸綏中學校肄業。地方之子弟。亦有中學畢業者。而蒙旗公文。向以蒙文往還。現已改爲漢文居多。且皆邀有漢文之書記。專司其事。其文化之進步。已非昔比。將來交通便利。則文化之輸入。則可日見蒸蒸矣。

第十八章　蒙旗

河套蒙族。歷代沿革。前章已分晰言之。按以明史考之。明初時。套內及大青山以北。盡陷於蒙古元太祖仲弟哈薩爾之後。及太祖之後。分據大青山以北。是爲烏蘭察布六旗。太祖十五世孫達延汗之後。盡據黃河以南。是爲伊克昭七旗。終明之世。不復內屬。及至清代天聰八年。太宗征服土默特後。喀爾喀右翼。四子部落。茂明安。烏拉特中西公三旗。相繼來庭。並設札薩克。錫號曰烏蘭察布盟。黃河南之鄂爾多斯左右翼前中後各三旗。亦設札薩克。後復增設前末旗。共爲七旗。錫號曰伊克昭盟。是爲西二盟各設盟長副盟長。統轄於綏遠將軍。分班赴京侍衛。遇事受理藩院之節制。民國以後年班多免覲見。然仍屬於綏遠都統之管轄。遇事則受蒙藏院之節制。在於河套者有烏蘭察布盟前後中三旗。前旗即今之西公旗。後旗即今之東公旗。中旗即今之中公旗。又曰東大公旗。東大者蒙譯仍爲中也。均爲元太祖哈薩爾十五世孫布爾海游牧呼倫貝爾。號所部曰烏拉特。後分爲三部。長子賴噶孫噶布。幼子巴爾賽孫圖巴。曾孫色稜。分領之。清順治五年。以鄂木布子譚班。掌前旗。封鎭國公。以色稜子巴克巴海。掌後旗。封輔國公。以圖巴掌中旗。封鎭國公。各受札薩克世襲罔替。民國仍依舊制。而前旗於十三年絕嗣。牧地當河套之北。噶札爾之南。東至黃烏爾九十里。接茂明安旗界。南至黃河接鄂爾多斯界。西至拜塞墨突百二十里。接鄂爾多斯界。北至伊克爾德阿濟爾噶二百五十里。接喀爾喀右翼界。東南到黃河一百二十里。接鄂爾多斯界西南到黃河一百里。接阿拉善額魯特旗及鄂爾多斯界東北到蘇郎一百四十五里。接喀爾喀右翼界。西北到塔起勒克圖鄂博二百八十里。接喀爾喀右翼界。現在報墾歸公之地已佔十之六七。餘多游牧之區。而人口以迷信佛教日見衰落。伊克昭盟卽鄂爾多斯。古所謂新秦中地也。共七旗。先是明嘉靖中元太祖十七世孫袞必里克圖墨爾根爲濟農。譯言郡王也。入居河套名所部曰鄂爾多斯有九子分牧兩處。今之七旗皆其裔也。踞河套東北隅。沿河蜿蜒而西。北爲左翼後旗。卽今達拉特旗。東半在薩拉齊縣西半則在五原轄境。額璘臣從弟沙克札於清崇德六年來庭。順治七年封札薩克固山貝子。世襲罔替。牧地東至薩拉齊縣黃河冒帶津現名毛岱一百五十里。接土默特界。南至賀陀羅海一百一十里。接左翼前旗界。西至察罕額爾吉百三十五里。接左翼中旗界。北至黑水泊二十里。接烏拉特界。東南到阿魯得勒蘇一百九十里。接左翼前旗界。西南到哈錫拉克羅海一百四十里。接左翼中旗界。東北到台碩額拉蘇八十五里。接土默特界西北到淖和爾末里圖三百七十里。接烏拉特界其札薩克駐所在巴爾哈遜潮戶口尙繁衍。文化亦漸輸入。接達拉旗循河而西至河套西北隅。斜分之爲右翼後旗。卽今之杭錦旗。在五原縣轄境。額璘臣從子小札木素。清順治六年大札木素叛。小札布素不附逆。詔封札薩克鎭國公世襲罔替。孫都稜。康熙三十七年以從征噶爾丹督護糧運功。晉封固山貝子。都稜孫齊旺班珠爾。乾隆十九年晉封多羅貝勒。牧地東至兎毛河四十里。接左翼後旗。南至喀喇札喇克一百四十里。接左翼後旗界。西至噶札爾山一百四十里。接右翼中旗界。北至塞特勒赫墨突二十里。接烏拉特界。東南到巴彥泉一百五十里。接左翼後旗界西南到達爾巴哈岡一百五十里。接右翼中旗界。東北到拜塞墨突四十里接烏拉特界。西北到哈落爾博羅一百八十里。接烏拉特界。札薩克駐所。在鄂爾吉諾爾。又與杭錦旗平分河套西北隅。循河而南至長城止。爲右翼中旗。亦曰鄂托克旗在漢爲朔方郡之臨戎廣牧二縣地。魏晉荒棄。晉末赫連勃勃據爲國都。定名曰統萬。後魏滅赫連氏。建夏州爲化政闡熙代名三郡地。隋移朔方郡於此。唐置宥州五季時爲季夏所據。元屬寧夏路明入於蒙古。額璘臣族子善丹於清崇德六年來朝。順治七年封札薩克多羅貝勒。世襲罔替。牧地當騰格里泊郎古屠申澤也。東至察汗札達海泊七十里。接右翼後旗界南至賀通圖山谷名回回墓三百七十里接右翼前旗界。西至察罕托輝二百五十里。北至馬陰山一百一十里。接右翼後旗界。東南到庫克陀羅海一百里。接右翼前旗界。西南到橫城口三百三十里。接邊城界。東北到鄂蘭拜一百二十里。接右翼後旗界。西北到阿爾布坦舊名省嵬山二百二十里。札薩克駐所。在錫拉布里多諾爾民事則於甘肅陝西邊縣就近管理。地面遼闊。鑛產甚多。惟蒙民倔强。近年革命之說盛行。蒙人稱之曰獨規。旗務糾紛。不可收拾。濱近平羅之地。前清放墾二百餘頃。民國十三年。又放月牙湖等地二千餘頃。按以所述各旗。烏盟前旗則人多狡詐。後旗則勇於戰鬥。中旗則富而純厚。伊盟之左翼後旗。則文化進步。右翼後旗則崇重道德。右翼中旗則性情猜疑。然均迷信於佛教。將見人口衰微。終不免有滅種之虞。如能破除迷信。從事文化與耕牧。尚可挽回於萬一也。

第十九章　教堂

河套教堂。在縣東扒子補隆者。為耶穌教堂。在縣西蔓會烏蘭保爾黃特勞亥黃羊木頭東公中準噶爾楊家河等處者。為天主教。傳教之初。人多觀望。嗣以小利引誘。一般無知者。始行入教。仍不踴躍。又以勢力袒護非法之人。於是不肖者趨之如鶩。一般公正士紳大起反感。遂演成庚子仇教之慘劇。教案以後。所得利權愈多。教民氣焰愈張。教堂遂以蒙旗賠教租地。逐漸施其覇佔之計。以致西境杭錦達拉特兩旗之楊家河東公中黃羊木頭準噶爾黃特勞亥等地。兩千餘頃。盡成教堂之產。近年逐漸侵佔至於永濟渠。且任意澆用官水。公家不能過問。至農民對於國家應盡之義務。一概拒絕。一般愚民貪圖小利。莫不租種教堂之地。而教堂遂得居奇。高抬租價。盤剝重利。人亦莫知其毒也。扒子補隆之教堂。庚子教案後。遂佔數百頃之膏腴。公家以賠欵之關係。又代專修一渠。計長三十餘里。此渠亦係予所修。然塔布河之水。仍時為强用。總之河套一帶教堂。完全以傳教之虛名。實行强佔地畝之實。蒙人愚魯不知過問。官吏畏葸。不敢過問。甚至勾通土匪。要挾政府。包攬詞訟。魚肉非教之民。以致控案時興。糾紛不已。當道若不早爲澈底解決。任其永久覇踞。目無主權。一旦爆發終非國家之福。亦非敎民之福也。

第二十章　吏治

河套之興替。應視吏治之良否。從前草萊未闢。承平之時。無人注意於斯。及至前清末葉。始有張之洞胡聘之岑春煊吳廷斌在山西巡撫任時。稍議及之。仍有鞭長莫及之虞。自設五原廳之後。不過在包遙治。徒務虛名。民國以還。雖移知事署於隆興長而土匪兵燹之餘。元氣大傷。一時難以收拾。且爲官者。大都以括削金錢爲目的。設有良吏。又不善逢迎。勢難久居其位。有此兩層之原因。欲得良吏以治。戛戛其難。本年馬都統迭次派員勘查。籌擬添設大佘太强油房設治局。以及西山嘴縣佐等缺。以資整理。如能實行。則地方固屬受益不淺。然用人一端。若不選派良能之員。積極着手辦理。仍恐難以起色。以予管見。將來綏遠都統移駐包頭。河套地方。添設鎮守使一缺。道尹一缺。並河套鄂爾多斯各地。改增五縣。以資經營。似此分疆治理。呼應旣靈。發展自易。未知西北賢豪亦以爲然否。

第二十一章 軍事

河套雖偏居綏區西鄙。確爲歷代戰爭之地。赫連勃勃建都統萬非卽今鄂爾多斯耶。元代崛興。非河套耶。宋明之邊患。以至今日之匪亂。亦莫不在於河套是河套軍事之關係。誠爲不淺。今述其概略。以備留心軍事之參攷。

（戰國） 趙武靈王北破林胡。二十六年攘地北至代西雲中九原又嘗欲將士大夫繇其境。直南襲秦。李牧降林胡於勝州秦始皇三十五年。除道到九原抵雲陽塹山堙谷直通之。代趙并天下。築長城起臨洮至遼東延袤萬餘里。樹榆爲塞。使蒙恬渡河據陽山築亭障以逐匈奴。取其地名曰北假。魏惠王十九年。築長城於稒陽。秦孝公十一年衛鞅圍稒陽降之。

（漢） 河套本新秦中地。初入匈奴。武帝元朔二年。收河南地。遣大將軍衛青出雲中以西。至高闕走白羊樓徙民十萬以實之。使校尉蘇建築城以守。後漢永元初。竇憲出雞鹿塞。鄧鴻出稒陽塞。會兵於涿邪山。漢將妻范夫人築城於黃河北岸以防匈奴。征和三年。李廣利出五原塞。匈奴要擊於夫羊句山陿。廣利破之。乘勝追北至范夫人城。

靈帝末。羌胡大擾。流徙分散。城邑皆空。建安二十年始平之。終世仍沒於匈奴。

（晉）石勒幷朔方。苻秦奪其地。永嘉之亂。劉衞辰據之。太和三年。代王什翼犍擊劉辰。衞自君子津濟。時。河冰未合。什翼犍命以葦絙絕流。俄而冰合。猶未堅。乃散葦於其上。水草相結。有如浮梁。代兵乘之以渡。太和太元元年。苻秦伐代。什翼犍軍。還至君子津。會秦將李柔勒兵趨雲中。遂定其地。旋爲赫連夏所奪。

（魏）始光三年。魏自將伐夏。行至君子津。會天暴寒。冰合。遂濟河。襲統萬。大掠而還。明年。執金吾桓貸造橋君子津。尋發諸軍濟河。正光元年。元彧討破六韓拔陵於朔州彼時有段榮字子茂。祖士信。仕沮渠氏。後入魏。以豪傑徙北邊。家於五原郡。父連。支北府司馬。榮少好歷術。專意星象。嘗語人曰。天垂象見吉凶。今觀元象。察人事。不及十年。當有亂矣。或問曰。起於何處。當可避乎。榮曰。搆亂之地。以五原爲始。恐天下因此橫流。無所避也。未幾。果如所言。遂有孝昌之亂。盜據爲窟。人民避寇內徙。乃將一縣之人。各成聚落。仍用舊縣。召民集之。魏主燾破蠕蠕。列置降人於五原陰山。竟三千里。大宗永興三年。詔尉古眞統兵五千鎮於西境之大洛城

（隋）隋末爲梁師都所據。

（唐）唐破梁師都平之。調露元年。裴行儉討破突厥歌邏祿右廂部落於黑水餘黨走保狼山元和十五年長澤爲吐蕃所破。貞元七年置天柱軍。又於榆林郡設義勇軍。景隆三年朔方軍總管張仁愿築三受降城。又於牛頭牟那山北置烽堠一千八百所。以禦敵。自是突厥不敢度山。放牧減鎭兵數萬人。永淳初突厥入寇豐州州將崔智辯與戰於朝那山敗績。乾元元年。回鶻據之。會昌二年。回鶻爲黠戛斯敗徙屯永濟柵屯兵天德振武北境。元和九年。宰相李吉甫奏設安邊戍。置橫塞軍。又置天德軍。又於大同川西置天安軍。開元初受降城爲河所圮。總管張說於城東別置新城。七年河溢城南面多毀壞。八年振武帥李進請修受降城。兼理河防。李吉甫請修治於天德故城。李絳盧坦以爲舊城當磧口據險要衝得制匈奴上策。又豐水美草邊防所利。今避河患。況天德故城僻處确瘠。去河絕遠。烽堠緊急不相應。寇忽唐突。勢無由知。是無故而蹙國二百里也。城使周懷義。遂奏利害與絳坦同。上帝卒用吉甫策。於是西城遂廢。邊事則因之多故。十二年徙天德軍於陰山通濟廢橫塞軍。置天安軍於大同川永徽初薛延陀既滅。鐵勒諸部回紇皆內附。復討擒突厥遺種車鼻可汗於金山。徙治振武軍。

(遼)　太祖元年。破唐振武軍。置應天軍。又平黨項。盡掠吏民以東。置威塞軍。晉割代北來獻。天祚帝保大四年七月。率軍出夾山下漁陽嶺。取天德東勝等州。重熙十七年西夏犯邊。

(夏)　夏始祖拓跋思恭。據有西部之夏州及元昊立盡取河西地。慶歷初復陷豐州北控大漠。置軍河北以備遼。

(金)　金取遼地置武興軍。

(元)　元併夏金。

(明)　明初元兵圍大同李文忠敗其衆。進兵東勝州至莽哥倉而還。洪武二十六年。改建東勝左右二衛。屯兵以衛民。得耕牧於河套中正統三年。邊將周諒言東勝州廢城。正濱黃河東接大同南抵偏關北連大山榆陽等口。中有赤兒山東西坦平二百里。其外連亘官山。若屯軍此城。在大同右衛淨水坪偏頭關水泉堡各處營堡皆其內。可以不勞戍安。非惟可捍蔽太原大同亦所以保障延安綏德也。時不能用。成化三年總兵王壓築墻於套內。青山以北盡陷於蒙古。阿羅出毛黑孩火篩等所據。嘉靖中元太祖仲弟哈薩爾之後。及太祖十七世孫袞必里克墨根。逐火篩居之。分據青山以北。是爲烏蘭察布六旗。太祖十五世孫達延汗之後。盡據黃河以南是爲伊克昭七旗。終明之世。不復內屬。惟青山黃河之間。明初嘗置東勝五衞及玉林雲川鎮虜宣德四衞。不久又廢。旋爲察哈爾小王子之族諳達所據。崇禎九年。兵備盧友竹建堡東接滑石澗口臨黃河岸首當西北之衝。

（清）天聰八年。太宗征察哈爾。河套蒙旗始相繼來庭歸順。康熙中聖祖征噶爾丹時。寇沿克魯倫河而遁。同治七年甘肅回族馬化龍等作亂。餘股蹂躪於河套將及包頭光緒二十九年。土匪劉天佑糾衆騷擾後套。綏遠將軍貽穀調遣大同鎮總兵劉光才管帶譚湧發胡光才及山西常備軍暨口外防營會勦。追於甘肅境內擒斬無遺。遂留軍以防餘孽。

（民國）元年庫倫獨立。二年松彥光汗。陶什陶等。勾結內蒙南犯大青山狼山一帶。烏蘭察布盟西公等旗應之。晉軍第一師師長孔庚敗績於狼山二分子後口子等處。

牽動包西。經綏遠將軍張紹曾。授晉軍團長趙守鈺方略。破其各昭巢穴。始克平之。並移軍築營於烏蘭腦包以資鎮懾內蒙各旗。始行到綏承認共和。晉軍旋調回大同解散。四年哥老會匪盧占魁。又復糾衆起事於河套攻包頭破薩縣旋收撫駐於河套又復叛去。死於奉天而餘孽未盡。以致擾攘迄今。羣盜如毛。五原遍地皆是。地方軍隊。多係撫降之衆。不足以衛地方。而正式軍隊。又屬薄弱。十三年秋直奉失和。所駐大佘太台梁收撫綏西遊擊馬二營。改編第三路騎兵團。開赴內地。僅保衛團六隊分紮五原縣縣中西北三區。計一百餘人。其西區之隊。亦係收撫者。均不足恃。縣署警察二十餘人。不過其服務之驅使。以河套之遼闊。而無保衛之能力。欲圖治安。戛戛乎難哉。若不及早通盤籌維。後患堪虞。補救之法。須以强健一旅之國軍。分馬步炮之支配。並行屯墾之制。分紮於大佘太狼山西山嘴强油房楊家河等處。無事教育於工兵。有事則不難控制。保衛團亦須另爲編制爲遊擊隊。規定餉章。勤加訓練。再於各要隘建築炮台。嚴爲防守。一面將會匪餘孽掃除盡淨。逐漸施設。河套地方治安。尚有半謐之希望。否則西北將來之禍患。定必復起於河套而不可收拾也。

第二十二章　會匪

河套人民五方雜處。加以漢蒙回之混居。撫治最屬不易。且前清末葉。無官治理。其間商人郭有元私墾之始。招聚亡命。以致潰兵逃勇。宵小無賴。皆附從之。嗣後各地商霸據地段爲雄。其勢力視所聚亡命多寡。爲勢力之增漲。亡命統稱曰把什匠。私購鎗械。擴充勢力。官廳與防營明知之而不敢問。各地商遂以爭地械鬥。結其深仇。互相火併。而亡命之勢力愈形澎漲。及至康有爲梁起超戊戌變政失敗之後。政客有派人到河套密秘煽惑。遂有富有票之傳播。演成劉天佑之變擾。迨至平服後。大同所駐防營兵卒多有哥老會徒。得以藉此宣傳。盧占魁字堯臣。豐鎮隆莊回族人。短小强悍。性情沉默。彼時爲防營之什長。會匪得舉爲龍頭老大。結合黨羽。於甘肅平羅陝邊榆林府谷又復招集一般强徒。擴充勢力。然盧占魁自舉爲龍頭之後。財政公開。毫無嗜好。且不愛色。是以會匪中敬服不怠。民國改革。蒙匪變亂後。乘機揭竿而起。騷擾於河套河西一帶。哥老會勢力遂傳播於各界。又不惜重貲購買槍械。自來得手鎗。竟得千百餘枝。經濟則以帮票勒贖爲目的。人民不堪其苦。軍隊進剿。亦多失敗。氣焰愈張。按以哥老會發源四川。蔓延於陝甘新綏遠等處。本含有政治黨會之臭味。會章最嚴。一不許採花。(卽奸淫婦女之謂也)二不許刼財傷人。三不許擄掠過甚。四川爲仁字輩。爲會中之祖。及傳至綏遠。已成德字輩。以仁字推之。已在第十輩間。年代湮遠。會章已漸失其效力。盧占魁之失敗。亦由於此也。及至民國四年。由後山出劉寶窰溝攻包頭破薩縣。進擊台格木歸綏兩城。岌岌可危。幸駐察哈爾淮軍蕭良臣率兵勦辦。不旬日掃除淨盡。及至潘矩楹都統開缺。蔡成勳都統蒞任之後。盧占魁又復勾結軍隊。竄擾托城興和豐鎮武川。不可收拾。遂收撫爲團長。駐於五原烏蘭腦包。旋又叛去。進撲甘肅平羅轉戰楡林。攻破陝西武功到處淫殺擄掠無遺。嗣與陝西民軍進攻西安失敗。率萬餘人取道四川。全軍覆沒。盧占魁隻身爲葉荃救出。由雲南潛跡上海。第一次直奉開戰。察哈爾都統張景惠召爲第五旅旅長。駐於豐鎮。擬謀綏邊。張景惠失敗。盧占魁又復逃於奉天。參謀張仲衡爲張錫元都統所殺。盧占魁逃至奉天。爲保安總司令張作霖授以旅長。十三年夏又欲變亂。遂爲張作霖將黨羽暨盧占魁聚而殲之。盧占魁從此遂告一段落矣。近年又有匪首糾衆千餘人。橫行於河西。是盧占魁雖死。餘黨在綏之勢力依然澎漲。按以現在調查。五原入會者十成之九。東勝入會者十成之六。薩縣入會者十成之九。固陽托城入會者十成之七。武川入會者十分之五。所幸者不過歸綏和林清水河三縣而已。均以白巾爲號。其他舉動秘密黑語甚多。不及細載。分富貴忠義横山等堂。富貴堂爲上流入會者。忠義堂爲普通入會者。横山堂爲下流入會者。近年由哥老會改爲秘密會。愈形複雜。其入會者有種種之原因。(一)保免身家不得不入於會。以資聯絡。(二)被匪挾迫者。(三)因嫌怨入會藉圖報復。(四)因窮無歸。挺而走險者。(五)身犯重罪藉以庇護者。(六)因貪圖金錢。(七)以逃兵潰勇。無所歸宿。有此種種原因。以致會匪結合能力甚爲堅固。其影響最大者莫如當晉軍第一師。在大同遣散時。未能籌以生計。遂多流落口外爲匪。以致今日蔓延全區將見人人爲匪。家家自危。向來入會規費。不過一元。十三年已增至五元以上。其入會者之踴躍可知。包頭五原托城東勝固陽等縣。均設有坐設碼頭之龍頭。藉資聯絡。按以現時狀況言之。已收撫及未收撫。並入各保衛團爲兵者。在三千人以上。大槍計二千餘支。自來得手槍五百五十餘支。子彈均甚充足。以五原縣爲根據地。統計入會者將有五萬之多。知之者亦不敢犯之也。然其中不無英傑之士。如爲上者能以恩威並施。訓以教育。已收撫者不難改邪歸正。未來者亦可化惡爲良。一面籌以生計。一面解散脅從。治標本並顧。認眞圖維。尚可挽回萬一。否則西北會匪之隱憂。終不知作何底止也。

第二十三章　風俗

河套原爲蒙族發源之地。漢人不過爲貿易轉運之場。來往無定。嗣後土地日闢。始漸有編戶之氓。惟多屬陝晉之民。至甘肅回族。亦漸由西徙入。近世又有歐洲人士傳播耶穌天主兩教。自成風氣。今將漢蒙回風俗。分別言之。亦助治之一端耳。

漢回族之風俗

漢族之人。如陝西則屬榆林府谷神木。如山西則河曲保德。其他則河間大名。謂之關裏人。餘則本區各縣者。故其俗多類內地。然情形複雜。氣侯空气乾燥。寒暑均烈。夏季六月間。華氏表最高達九十度以上。三九寒度竟低至零度。八九月爲溫和時期。三月爲解凍之期。十月以後。驟入寒境。惟西北氣候變動甚速。一日之間。具有四時氣候。故嘗有早穿棉皮午穿紗。懷抱火爐吃西瓜之諺。人多耐冷。往往嚴冬時。能破冰入水。視若坦然。可謂勞働家之特別性。固亦境遇使然。

人口男多女少。娶歸成家。實屬不易。因娶一婦。所索聘金。謂之財禮。需數甚鉅。男多勞働家。大都無力迎聘。女則在家毫無教育。又不事女紅。不過從事於牧養。多不知廉恥爲何物。以致苟合者居多。一般勞働家。只圖一時之歡。所以一女而共數男。父母貪圖微利。亦置之不問。風俗惡劣。良由於此。而寡婦再醮。聘資尤鉅。更難轉嫁。所以河套寡婦之多。亦由於是。誠惡俗也。

男女均嗜好於鴉片。一般勞働家所得之資。莫不犧牲於此。以故鴉片產量最富。積習難除。其一切之不能發達。以及風俗之惡劣。實原於是。是河套鴉片一日不能禁絕淨盡。則永無振興之日也。

陝西人民。務農從商。爭朝夕之利。游手好閒。競錐刀之末。富者素慳吝。賤者薄仁義。豪强縱橫。貧寠窟蹙。大抵夸尚氣勢。好鬥輕死。家富子壯。析產分居。家貧子壯。則驅之供父耰鋤。婦姑不相悅。則反唇而相稽。秦始皇遣蒙恬攘却匈奴。得其河南造陽之北千里地。於是築城廓。徙民居。名曰新秦。今俗名新富貴者。爲新秦。卽指此也。婦女終身不浴。謂守禮也。然失節者。不以禮閑。躧足之風最甚。迄今未能革除。而操作之痛苦。父母愛之。而不惜之也。夏歷正月十五。夜用麪爲不托。名燈琖。注油燃燈。至十六日早。作羹食之。示收燈也。二十日名小塡倉。燃燈舉火。二十三日聚猪羊骨雜燒之。名煉乾。俗諺曰大忌。二十三。太上老君不出菴。二十五日名大塡倉。亦燃燈舉火。二月二日。名龍抬頭。禁止女工。恐傷龍目。並以灰圍宅。謂之圍蚰蜒。三日早。取元日所作黃米大磨相燒黑豆啖之。謂之啖蠅子。三月三日昧爽。以柳條鞭房四壁。以禳蝎虿。穀雨日貼厭蝎符於壁。書咒其上曰。穀雨日。穀雨晨。奉請穀雨大將軍。茶三琖。酒三巡。送蝎千里化爲塵。五月五日。用蒲艾紙牛貼門。名鎭病。又是日飽食。謂塡五窮。六日夜多聽靜。以卜終年吉凶。六月六日。鷄作菉豆羹。俗呼漿水。遲明攜漿至祖塋澆奠。名解炎熱。中元日。農家早向隴頭擇禾之長茂者。懸五色紙旗。名曰田旛。八月十五日。以瓜果香餅賞月。並互相以月餅相遺。臘月八日。用黃米作糜。下油鹽於中。謂之餅飯。二十三日祀竈。用糖餅。以糖泥神口。祝曰。毋以惡事訴玉皇。娶婦雖濃粧。亦必白布飾其首。蓋西方金也。山曰太白。故多尚白。從來遠矣。近見革除。改用青藍絹矣。

山西人民。畜牧牛羊。從事稼穡。均爲所長。然多機巧。趨利褊急。近見衣食住。與陝邊相同。而尤儉樸。鴉片嗜好亦同。並喜食河南淸華之水菸。吸與旱菸同。竟用羊腿骨爲烟具者。每年消耗最鉅。而人皮胃受病亦深。一時無能挽回。惟善治生產。多藏積蓄。質朴而尊卑相序。剛直而內外有別。性情剛强。少不相得。輙詬詈攘臂。獨不好訴。畏官也。方言稱父曰老子。稱兒曰娃。人憒憒曰不中用。公家人曰官人。合人作事曰夥計。强壯曰魁巍。人懦退曰不長進。高大曰[illegible]。短小曰逕。責人曰數說。多曰夠。少曰不夠。電曰閃雹曰硬。雨酒帘曰望子。馬不鞍而騎曰驏。孔曰窟攏。婦女亦不事沐浴。纏足之習尤深。自閻督厲禁後。竟有以放足之羞。遷徙入套。其愚錮可知矣。關裏人大都直隸河南山東等處者。並無家室。春來冬歸。以傭工爲事。渠工佔其多數。對於鴉片嗜好則無之。每年所掙工銀。易以馬匹騾駒。由草地逕歸。否則流於盜賊。性情强悍。傭主畏之。然勞働能力優於山陝。故畏之而又羨之也。

河套西鄙。則屬甘肅人。暨回民。風俗爲山陝人所薰染。大致相同。惟所用大車高輪。以過渠道相宜。而體質粗笨。速力稍差。女子未嫁。一律髮辮。故一望而知爲處女。既嫁之後。則一律結髻髮辮也。結髻也。實不啻女子嫁否。唯一之標識。積習亦崇尚纏足。步履維艱。惟性情强悍。料理農事。男子往往遜之。貪圖小利。更甚於山陝。回族之風俗。分門別類。有舊教。有新教。有再再新教。新舊不同。時起仇視。對於漢民。雖雜其間。界限顯然。而共事最無信用。所謂回教中人。飯可吃而話不可信也。回民過年之前一月。卽把齋起。凡男女十歲以上。皆於黎明後。不得飲食。甚者津液亦不敢下咽。方爲善。把日落星全。方恣意飲啖。但不得飲酒近婦人。惟散漫而居。無禮拜堂之結合。至次月初一或初二。總以望月如鈎。則開齋過年矣。信崇奉阿渾。不敢稍有違背。婚娶以兩家意合。男家饋牛送羊布疋。邀請親戚。更求阿渾數人。同赴女家議婚。念經爲定。至婚期女家或婦或兄一人抱新婦同騎馬。以帕蓋面。鼓吹導行。送至夫家。男女室後。皆以淸水遍身澆洗。禁食豬肉最嚴。凡驢狗虎豹肉及牲畜自斃。苟其非人宰殺去血淨者。悉不食。人死則集數人在屋上同聲喊叫。念經。其家皆白布爲冠。謂之掛孝。死之日或次日。卽舁之郊外瘞之。無棺槨衣衾。唯白布纏尸而已。葬時尸面於上則喜。尸覆於下。則謂入地獄。親屬無不戚戚也。男多不薙髭鬚。惟剪唇鬚。便於飲食。生子五六歲。其父母邀請阿渾念經。以刀挑斷勢皮。使其澎漲力增。如宴會總以多殺牲畜爲敬。駝牛馬均爲上品。所陳食品或散給於人。或宴罷攜之而去。則主人大喜。以爲盡歡。回文如鳥迹。如蝌科。橫讀而連斷。尤不易辨。字頭二十九。通曉字頭而無疑字。幼童能書記者。謂之毛喇。司教者謂之阿渾。亦有大小之區別。敬信明理處。猶蒙人之於喇嘛也。遇有疑難。皆問諸阿渾。卽男婚女嫁。亦所主持。雖有謬誤。亦不怨悔。尤可哂者。鄉愚忘其生辰。問之阿渾。告以月日。復忘。另告以月日。信之雖謹。小兒出痘輕而易過。百中或損一。是回民面麻者少。遇有疾病。必向河中沐浴。冬夏皆然。燥結之症。亦於河中灌洗穀道。納葫蘆柄於其中。藉水出入探動。亦求通利焉。回人多攜刀長尺許。刃兩面極犀利。俗呼爲攮子。私鬥時。每每以致命。飲食中白糖和麪搏成杵形。高尺許。而銳其頂。呼爲塔兒糖。人最珍之以餉貴客。婚姻回女不嫁漢人。宗教關係使然耳。

蒙族之風俗

蒙族起源於匈奴。蠕蠕鮮卑回紇奚契丹部族各異。自鐵木眞崛起。抉歐亞之藩籬。忽必烈入主中夏。及至成吉思汗。自蒙兀族。西人曰 mongolia 今匈牙利尚有其苗裔焉。

蒙人頭形稍廣。面貌扁平。眼多傾斜。故有直眼韃子之稱。如河套血統。太半混化。與漢人無甚區別也。文字成吉汗思時代。習用土耳其族之維伊奇哥爾文字。是爲蒙古用文字之始。及世祖時。西僧帕克巴變化藏文。製蒙文字母四十一個。是爲蒙文之始。彼此互相併合成音。綴合之法。與羅馬文相似。現今之蒙文。爲元末所確定者。字頭一百零四個。譯文不如漢字之簡。僅能述其大概。而不能演譯科學。近來新發明之一切。仍用漢語。不能譯爲蒙語。是一缺點也。階級分三等。曰台吉。曰喇嘛。曰黑人。黑人服務於貴族者曰奴才。服務於招廟曰黑徒。蒙族以黑人爲最苦。婦女均爲人之奴才。專制使然。性質得興安嶺之餘脈。故能耐勞受苦。惟服從性最深。長官尊若帝天。見官則屈足。典禮則膝行。從前大有上古之風。近來則狡詐驕侈。畏事苟安。良由智識日開。人心日薄。正負相生。天演使然。王公服制。仍着袍掛。各色頂戴。尚沿用勿替。平民服用棉布寬領大袖。腰束條帶。而繫以煙袋食刀等物。冬着老羊皮。袍不製面。暑天多赤足。間有不著褲。僅圍腰裙。喇嘛有紅黃兩種。以服色別種類也。髮辮依然。惟達拉特旗開通。竟有雉髮與漢族同。婦女寬服闊袖。裙輙拖地。環佩粗笨。而喜塗胭脂。處女編辮。嫁而束髻。

飾以金碧。梳髻用膠膠之。每年梳髻爲數無多。因梳一次。則須膠一次。頗不易爲也。靴鞋底特別布折數層。實以繩。實極精緻。曰千層底。冬日踏雪。則常用內地輸入之氈鞋。飲食以乳品爲主。獸食次之。乳品中以新鮮之牛奶鹹鹽等和於茶爲夏日之飲。名曰奶茶。又曰奶子茶。以作奶豆腐所磨之漿覆之。俟其酵醱蒸之於鉄鍋。塗以牛糞。使閉其氣味。俟流出蒸氣、卽爲酒。其味酸、飲之有味。能薄醉。名曰奶酒、惟不能耐久。又以新鮮乳。和以水。俟其發微酵略帶味、視爲美品。夏日飲之、可以却暑、名曰酸奶子、擠奶出。盛之於器。使靜約一時。浮面生油。取濾以布囊使淨。而後煎、以文火使色黃如蜡。其佳者不亞西洋品。蒙人欵上客餽送始用之。名曰黃油、奶油既去其下沉。如豆腐汁者。煎既熱。盛木使成方塊。大如磚。卽以花紋切作長條。或小方塊。味淡略酸。若和以糖亦可食。再以濃茶調之。以淡鹽和之。則化爲流質。飲之甚耐飢。名曰奶豆腐。至牛酪製法。先置牛乳於器中。及腐敗。水分溶解、然後入金屬罐頭中。以土泥封其口。徐煎之。罐上有細管。管之一端下垂。入瓷盌中。乳經火煎。自管端下滴入盌。卽爲牛酪。和炒米食之最佳。蒙人多用爲贈答品。其炒米用糜籽置鍋中煑熱。取土曝以日光。使之乾。或炒乾之。

然後去其皮糠。所餘之粒。卽爲炒米。經久不壞。行商兵士。視爲珍品。所需薪材。糞粕到處多有。於蒙古包內燃之。在蒙人積習已慣。在漢人聞之氣味逼人耳。昭廟之建築瓦間有飾黃金者。近以銅鏡代之。竿懸白布幡以別聖俗之界。札薩克所居曰王爺府。普通蒙民所居。皆係蒙古包。坐北朝南。隨時遷移。土屋名曰板身。然仍置蒙古包於院內。不忘本也。蒙古包構造皆圓形。通常度約在十尺與十五尺之間。柱頂上架木爲櫟。成傘形之蓋。全部包圍毛氈數層。以馬尾繩束之。頂上毡子。繫以繩。得自由啓閉。中設烟筒。南面置門。高約三尺五。寬二尺餘。垂毡簾以蔽風雨。男女分左右居。間設佛龕法器。龕前家長住焉。蒙地無旅店。故行旅輒投包而宿。然須稍知蒙語者優待。惟入包時。必置馬鞭於戶外。旣入室須坐左邊。客去則家長及婦人齊出歡送。正式禮節。一遞哈達。二交換鼻烟壺。現多與漢習融化。此習漸除。然遞哈達仍注重也。

婚姻則蒙人。亦有早婚之惡習。且居室於父母外。均能苟合。如女在家有孕。生卽對蒙古包外之馬樁而叩頭。謂卽其夫。遂可不嫁。任意逐流。其正式配合。亦不拘行輩。問名納采。並無聘物。以家之貧富。定牛馬之多寡。行婚禮。登堂不交拜。入戶不合巹。飯後則與戚友爲禮。送哈達。送烟袋遞鼻烟壺。送親者饗以酒食。信宿而去。未婚之女。均辮髮根束紅繩長寸許。至嫁日亦如之。婚後始梳髻。平時無男女之嫌。調笑戲謔無界限。甚至野合亦不爲恥。尙天然人羣世界焉。葬禮極簡單。王公始有木板櫃。形似棺槨者用之。普通則棄之野外。三日後視之。已爲鳥獸攫食。則以爲生前無罪所致。否則子孫有戚容。大有上古委諸溝壑之遺意。喇嘛則以火焚其尸。祭祀以天地日月星辰高山大川雷鳴電光等。皆謂之有神。以石子堆積。謂之鄂博。春秋致祭。謂之祭鄂博。昭廟則聚僧徒唪經供佛若干日。稱曰嗎呢會。皆藉以斂財也。歲時仍用陰歷正月十五。各昭廟多舉行跳鬼禮。近年以匪患不靖。大都停輟矣。至宗教崇信最深。故每家三丁。必有一人或二人爲喇嘛。呼圖克圖則稱曰活佛。蒙民皈依。有神聖不可侵犯之勢。磕頭之禮。不遠千里而往。每年之朝五台山。有資者無缺焉。按喇嘛之意義。元明史都作喇馬。蒙人呼曰喇阿瑪。又西藩語上曰喇。無曰嘛者。無上之意。卽梵語兀吠喇。原本爲尊稱。近則爲普通名詞矣。其教之由來。南北朝末葉。西藏盛行蓬教。爲一種崇鬼神之邪教。唐初宗弄贊君臨西藏。遣使赴印度求佛典。是爲印度佛入西藏之始。後與邪神教混合。喇嘛之教出焉。教分兩派。源於佛教。衣帽用紅色者。名曰紅教。爲甯夏巴派。許肉食娶妻。爲邪教之源。能嗥黑經以咒人死。衣帽用黃者。名曰黃教。爲嘎達謨派。起於宋仁宗白祐之時。羣多信仰。近亦有邪教之傳染。行多不正。彼時自元世祖忽必烈利用宗教。羈縻蒙衆。近以爲喇嘛則可減輕擔負。是多趨之。而家庭中。男女戀愛。爲天賦之特權。故蒙族中無孤憤之男。少寡居之女。而獨於再醮之婦。不得在夫家改嫁。必還至母家而後可。家事極簡單。日出而作。男子出外牧畜。若遇天氣忽變。則女子赴牧塲與男子同力驅逐。所謂內助。庶乎不愧。女子或治內饋。至於針線女紅。則間或爲之。而榨乳一事。反爲其專責。日入而息。不喜燃燈。聚眠包內。頗極天倫之樂。娛樂事以跑馬爲生活。無論男女老少幼童。皆能騎乘。且體力健壯。最耐勞苦。以之編爲國軍騎兵。善利用之。不亞俄之哥薩克。素好角力。有羅馬人之風。宴會食品。爲炒米牛羊肉麥麪牛乳乳酒等。饗待貴客。以上鼇羊上食。謂之羊貝子。近達拉旗西公旗與漢族相染。請客多用漢之酒席矣。蒙人素以牧畜爲生。馬多產於牛頭朝那一帶。小而有力。走者居多。近年馬種不良。馬體愈趨愈小。不及從前之高超。其原因。一以地方不靖。不能專心牧養。二因財政困難。馬駒一二歲。卽被商販購去。否則亦爲軍隊土匪擄奪而去。故馬政之衰敗。良由於是。牛多產於河套內。蒙人在於水草豐盛處牧之。惟時多瘟疫傳染。駱駝則產於河套之西部。鄂托克旗蒙人牧養最多。駝隻出產亦良。包頭與甘肅甯夏輸運。以此駱駝馱載。最爲適宜。羊有兩種。曰山羊。綿羊。漢蒙人均牧畜之。其毛曰套毛。專運銷於天津。漢蒙生計。多賴於此。蒙男喜獵。所得以狐爲多。狼次之。往往有逐一狡兎。而死一走馬。亦所不惜。足見富於殺力。終日得茹毛飲血之遺風。無宮室之觀念。故面目黧黑。不知沐浴。腰懷木椀。身繫刀箸。食畢以舌餂之。仍藏胸部。分別富貴。以衣面油垢多少爲準。油垢多者爲富。以終日食肉也。敎育僅達拉旗稍知之。其他各旗。不知文化。然近年與漢人習染。多不受其專制。遂時有獨規之舉。獨規者譯言革命也。其死亡無統計之可言。戶口實數亦難稽核。以情形觀察。日見澌滅。約約略計之。近五十年戶口已減少十分之五六。揆其原因。受喇嘛之流毒。婦女衞生不講。嬰兒時多夭折。數十年後。恐無孑遺。予身臨其境。不禁爲蒙族感嘆也。